我们是环球夫人

MRS.GLOBE

第二季

《我们是环球夫人》系列丛书编委会——编著

长江出版传媒 | 长江文艺出版社

MRS.GLOBE

环球夫人

爱心　智慧　美丽　成就

《我们是环球夫人》第二季

“MRS. GLOBE 环球夫人”项目品牌源自创立于 1996 年的环球夫人大赛，24 年来，依托环球夫人大赛，品牌在全球的影响力日益扩大。同时，伴随环球夫人在公益慈善领域日积月累的影响，以及在女性文化交流方面逐渐凸显的作用，“MRS. GLOBE 环球夫人”已经从最初的环球夫人大赛拓展为专属已婚女性的国际顶级文化项目品牌。

环球夫人以“美丽、智慧、爱心、成功”为宗旨，以“慈善·公益”为核心，为全球已婚女性提供既展现自我又服务于社会的全新平台，支持和帮助妇女享有出彩的人生。举办至今，环球夫人足迹遍布全球 100 多个国家和地区，共计 100 多万夫人参与其中。随着中国经济的崛起，夫人热潮的带动，2013 年，中国首次担任环球夫人大赛的举办国，通过在中国成功举办赛事并开展持续有效的公益活动，环球夫人品牌在中国获得了极高的知名度和美誉度。

2020 年，《我们是环球夫人》第一季成功出版发行，得到了社会各界的欢迎和喜爱；本书为“环球夫人”公开发行的官方系列丛书的第二季，通过对往届参加环球夫人大赛的优秀夫人代表的呈现，展示现代女性内外兼修、“美爱同行”的优良品格，进而带动更多女性在家庭、事业、生活中不断成长、努力绽放，共同为社会和谐、世界和平做出积极的贡献。

目　录

CONTENTS

目录

CONTENTS

注：以上顺序按照参赛时间排列

MRS.GLOBE
环球夫人

MRS.GLOBE

MRS.GLOBE
环球夫人

邢小红是众多环球夫人中人气颇高的一位，她的一举一动都成为多方关注的热点。究其原因，不仅仅是因为邢小红有着美丽的外表，更是因为她一路走来追逐梦想成为人生赢家的执着与坚持。

MRS.GLOBE

赤诚之心　光耀全球

邢小红

励志榜样

梦想，让人生绽放光芒。邢小红就是这样一位心怀梦想的女性，无论何时、无论处于什么样的境遇，邢小红始终心向美好。在她看来，人之所以伟大，就是因为心怀梦想并能够坚定不移地为了梦想而努力。从小到大，邢小红心中都有着一个执着的信念，那就是："有梦就要坚持，坚持，梦想就一定会成真。"

祖籍山东青岛的邢小红，继承了父母的优秀血统，身材高挑、容貌俊俏。在北京部队大院长大的她，从小就有着拥抱舞台、成为明星的梦想。高中毕业后的邢小红曾如愿考取了中央戏剧学院，然而，命运却跟她开了个大大的"玩笑"，在诸多因素的影响下，邢小红不得不放弃这个梦寐以求的学习机会，放弃了中戏，但她并没有放弃追逐自己的舞台梦。这个经历让她更加坚信，自己必须完全独立才可能实现自己看似遥不可及的梦。

邢小红比同龄人更加时尚，她的穿着打扮往往成为朋友们效仿的对象。为了与时尚走得更近，邢小红决定离开北京，向着中国改革开放的前沿迈进："去哪儿呢？那时候'三天一层楼'的深圳速度，使深圳成为全国经济发展的典型，而且深圳毗邻香港，又是特区。我就决定要去深圳看看。"

邢小红放弃了父母为她安排的稳定工作，揣着500块钱，坐上火车，开始了离开家乡的逐梦之旅。当问起邢小红是否后悔时，她说："虽然一个年轻女孩从北京到深圳，吃了不少苦，但也看到了在北京看不到的世界；现在回想起来自己并不后悔，因为如果没有那时的决定，就没有现在的邢小红，也不可能实现我年轻时的梦想。”

邢小红刚到深圳时也摆过地摊、睡过地下室，在点滴中积累。得益于不懈的坚持与机遇的垂青，20 世纪 90 年代，邢小红就在深圳创办了企业，专注礼品出口贸易，而后她移居香港，开始了深港两地的生意。岁月如梭，多年间邢小红尝试了很多不同的生意，每一次都是不同的挑战，每一次都投入了极大的热情和努力。代理世界知名水晶品牌的产品时，她用尽了所有的时间和心血去经营这份事业，经过不断坚持和努力，她的团队取得了销售冠军的成绩。

当大多数人对于消费升级还没有概念的时候，邢小红坚信中国的高端消费市场具有巨大潜力，她斥巨资购买了游艇，在香港开创游艇生意。“我所要面对的都是银行、金融机构里的高净值客户。”这一生意的成功也让邢小红在新的圈层中扎下根基。

征途漫漫，唯有奋斗。创业的磨砺让邢小红脱胎换骨。在改革开放的大潮中，邢小红成为傲立涛头的弄潮儿，创业的成功让她拥有了属于自己的事业，成为经济独立的女性；不间断地与演艺界的互动，在舞台上的惊艳表现，又让邢小红成为时尚界的宠儿，在聚光灯下展示女性之美的梦想，在一步一个脚印的拼搏中成为现实。

2014年，邢小红登上了第十八届环球夫人大赛的舞台，为了保持最佳的体态，她常常一整天不吃东西，即便是跟受伤，她依然坚持踩着高跟鞋参加训练。20多年的日常健身的自律，使得她身形窈窕、容颜姣好，同时，她圆满的家庭和事业以及长期坚持做公益的良好口碑，使得她在环球夫人大赛中一举摘得当年的亚洲总冠军和世界五强的桂冠。

获得环球夫人冠军殊荣的邢小红感受到了环球夫人舞台的无穷魅力，她深知这个舞台是帮助姐妹们实现美丽梦想的公益平台。为了帮助更多女性活出真我，她毅然投入到这份事业之中，成为环球夫人大赛深圳赛区执行主席；由于多年在环球夫人赛事中的卓越贡献，目前，邢小红担任环球夫人全球执行副主席。她说：“我要用自己的亲身经历，告诉姐妹们任何时候都不要放弃梦想，要朝着成为更加优秀的自己而努力，还要将美爱、美孝、美善传播到社会的更多角落。”

文化使者

从北京到深圳、从香港到吉隆坡、从戛纳到威尼斯……邢小红的身影出现在世界上很多名流会聚的场合。而每一次她都流光溢彩、自信满满，她向世界传递着的是来自中国的自信与从容。

中国新时代女性应该是个什么样子？这常常是邢小红思考的课题，经济独立、家庭幸福、人格健全，还有很重要的就是举止典雅、仪态端庄、美丽而善良。这些年来，她不断平衡且用心经营着家庭与事业，并和体贴的丈夫、乖巧的女儿共同建造一个幸福的家庭。她身体力行地将经验传递给身边的女性朋友，告诉她们：要好好经营自己，拥有属于自己的事业，更要付出努力和真心去经营好自己的家庭，那才是一个女人的智慧和美满。

不仅如此，在邢小红看来，每一个走出国门的中国女性都是中国新时代国民形象的代表。“在国外，我们已经不仅仅是一个个体，而是中国人的代表，特别是在公众场合，我们的一举一动往往给外国人带来对中国人的直观印象。”

邢小红觉得中国新时代女性应该是自信而富有个性的。为此，她在出席重大场合的时候总是会精心选择服装、细致装扮自己，每一个细节都力争完美，努力将中国女性高贵而华美的一面展现给世界。“我想告诉世界的是，中国的现代女

性无论何时都能够优雅地出席各种公众活动，健康、富有活力地与世界交流，传递着独有的美丽与自信，并且会历久弥新，不会随着时间而流逝。”

岁月的磨砺，让邢小红拥有了更多的沉淀。2018 年，当邢小红再次受邀走上戛纳电影节开幕式的红毯时，这个身着宝蓝色礼服的中国面孔吸引了很多人的目光：拿着手包、脚踏高跟鞋的邢小红一面向影迷们挥手致意，一面向着会场迈进。当她迈上台阶的时候，媒体的闪光灯齐齐向她投射过来，脚下一晃，邢小红摔倒在台阶之上。这个场景颇有些尴尬，而邢小红却并没有在意，她大大方方地微笑着站了起来，继续走向戛纳影星们欢聚的殿堂。

这件事儿，作为当事人的邢小红没有太过在意，而很多不明就里的人却在网络上向她发起了并不善意的攻击。面对非议，邢小红没有过多的解释；而她身边的工作人员知道，当时的确是因为鞋不合脚、加上她脚部有伤，才导致了事故。面对突发情况不慌乱，面对流言蜚语不在意，面对不利局面不抱怨……邢小红在这次事件中所展示出来的从容、淡定让人们看到了她长期积淀的大气及平和，她用自己的行动为中国现代女性形象的塑造增加了一抹别样的亮色。

无论到哪个国家，她都会跟外国朋友讲述中国改革开放 40 多年来的巨变：“很多外国人不了解中国，我会给他们讲述我的经历，给他们看我手机里中国城镇、乡村的照片，告诉他们中国人的全面小康生活，告诉他们一个文明古国走向现代的历史变革。”邢小红说：“当外国人竖起大拇指赞美中国的时候，就是我最最开心的时候。”“我们中国有 5000 多年的历史文化，这样的文化沉淀会让我们拥有更加深刻的美。”一直以中华文化为傲的她，相信在中国文化的滋养下，中华儿女一定能活得优雅而美丽。

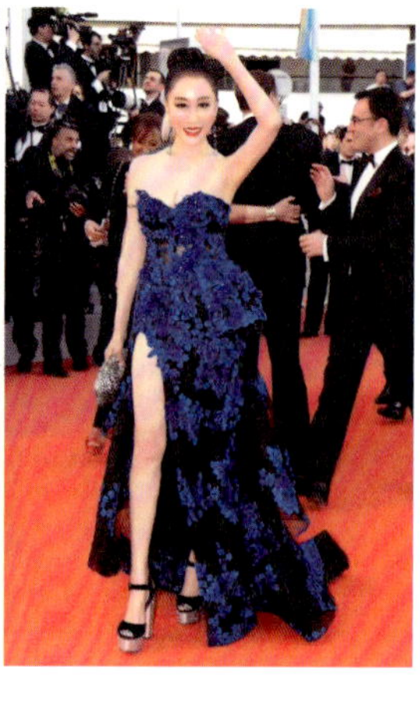

爱心使者

除了家庭和生意，邢小红的其他精力都投入到了慈善事业之中，慈善也因此成为邢小红生命中不可或缺的一部分。她曾主办水晶慈善之夜，把自己收藏的水晶系列拿出来进行拍卖。邢小红说："当晚来的嘉宾都是我的好朋友，他们有的专门从德国、新加坡飞抵深圳来参加活动，有的从全国各地赶来，每个人都积极参与公益，拿出自己的一份力量去帮助需要关爱的孩子们。"活动的拍卖受赠方是深圳市宝安区新希望特殊儿童康复中心，这里是专门对自闭症、语言和智力发育迟缓、学习障碍、感统失调等有特殊需要的儿童综合性康复训练的基地。一群善良的人在邢小红的带动下用实际行动表达了对特殊儿童的关爱。

实际上，做慈善对于邢小红来说早就成了常态，只要有时间，她就会去看望老人和儿童，给他们买最喜欢吃的东西，给他们讲故事、唱歌、喂饭，她希望自己能够带动更多有能力的人去帮助弱势群体，"这也是一条非常漫长的路，但是我绝不会放弃。"

近年来，她时常出席不同的慈善晚宴，用自己的影响力号召更多的人一起做慈善。参与环球夫人大赛以来，邢小红每年都会带领环球夫人去敬老院、孤儿院、社区等地开展形式多样的慈善活动，将美丽、温暖与爱奉献给社会。

邢小红始终对人生的际遇心怀感恩，也正因此，她更加愿意帮助更多的人，将一份爱心传递下去。在马来西亚、新加坡、深圳、广州等地，邢小红参加的慈善活动不胜枚举；在新加坡，她供养了十位老人，只要有时间她都会去陪伴老人们，老人们的幸福是她最大的快乐；偶尔，她还会有主题地举办个人慈善晚宴，与朋友们一道致力慈善。

在帮助别人的过程中，邢小红也能够感受到生命的感动与充实，这促使她在慈善的道路上一往无前。在她看来：一个人有能力时，应该尽己所能帮助需要帮助的人，当你分享与传递自己的能量给别人时，会有更多的人被感染而加入大爱的行列中去。众人拾柴火焰高，如果每个人都在慈善和公益的道路上多付出一点，那么世界必定会更美好！

赛事主席

作为独当一面的事业女性，邢小红一路走来，看到太多女性因为年华逝去、美貌渐褪而彷徨失措；也有太多的女性因为事业与家庭的双重压力身心俱疲，用错误的方式解决问题却使得矛盾加剧最终伤痕累累……这些都深刻地触动着她。很早以前，她就希望能有一个舞台，来表达已婚女性应当不懈追求美丽、正确用心经营人生、创造自我幸福的观念。若干年后，邢小红邂逅环球夫人，她当时就认定，自己寻找的正是这个平台。

获得环球夫人加冕的邢小红想要引领更多优秀女性走上独立、坚强、自信的道路，并能够有更多的机会像她一样通过顽强拼搏走上世界的舞台。于是，2015 年邢小红成为环球夫人大赛深圳赛区主席、成都赛区副主席时，在深圳赛区创立“最美红”平台，集结了一帮优秀的女性朋友。她们来自不同行业，有不同社会背景，但都被邢小红女士优秀的人格魅力所感召，成为 2015 年“最美红”环球夫人深圳赛区的参赛选手。邢小红还记得那一届选手年龄跨度很大，最小的 22 岁，最大的 65 岁。“在这场美丽的修行之旅中，一定会有令人期待的故事。”邢小红说，“我们相信，每个年龄的女性都有自己的美，在这个充满爱心、公益、大爱的舞台上我们绽放属于自己的美丽。”

有人说这是场“选美”，就是关注美，其实邢小红更关注的是女性的自我成长。邢小红希望借助环球夫人大赛和“夫人行”的平台，让更多的女性重新绽放自身之美，在国际舞台上释放自己的激情与活力，并最终获得出彩的人生。如今，她的这一美丽信念已经在深圳植根 7 年。

2020 年开年，一场始料未及的新冠肺炎疫情席卷全国。面对疫情的重大冲击，“今年深圳赛区办不办比赛？如何办比赛？”这样的问题一直萦绕在邢小红主席的心头。有人劝她，不要办比赛了，疫情之年压力太大了。那时尽管深圳在科学防控下，已经转危为安，但是筹办赛事的各个方面工作依然举步维艰。

邢小红主席回想起 2015 年在深圳赛区建赛的困难：没有大型赛事的筹办经验，招募选手困难重重，从组建专业团队到准备赛事落地的大小事情，时常让她加班到凌晨三四点，压力巨大、一筹莫展，彼时就是这样，也熬了过来。她想起她的初心，就是尚只要有余力就要帮助更多女性同胞，爱所有人，不负任何人，成为一束光，照亮那些追光的美好灵魂。于是，铭记初心的邢小红主席带领 2020 深圳赛区突破万难，重启我们久违的美丽约定。

七年赛事路，布满艰辛，在物质和精神上邢小红都为之付出了许多。而她心中抱定一个信念：做比赛并不是为了挣钱，而是为了给姐妹们搭建一个共同成长的平台。“一路走来，不计回报、也不后悔。”邢小红说，“我们有过欢笑，有过眼泪，有过汗水，甚至遭受过诋毁，一路走来不易，道阻且长，我们向着微光跋涉。”而今，深圳赛区已然走过了自己的七周年，正向着十周年阔步进发。

回首往昔，2015 年首届深圳赛区大赛主题“善更美纯更真”，至纯至善的姿态让夫人们提升自我，感受到新时代女性的力量；2017 年“戎装巾帼、家国情怀”，爱国、爱家、爱自己，深圳赛区的夫人们争当时代弄潮儿；2018 年“美孝同行”，中式传统美学加多民族和谐融合，献礼深圳改革开放 40 周年；2019 年“盛世花开”小春晚引爆鹏城，中国文化元素展现中国女性刚柔并济的美，淋漓尽致展现夫人们的才华，鼓舞女性探索自我价值；2020 年“乘风破浪五年 鎏光砥砺前行”，让无数女性绽放新我。

七年来邢小红不懈给每一位心怀梦想的深圳赛区环球夫人传递正能量；七年沉淀，深圳赛区的辉煌和荣耀凝聚了美爱力量，打造了新时代引领女性成长的国际平台。“夫人行”打造新时代女性全方位交流发展服务平台，旨在促进“她”连接重构、“她”意识升格、“她”创新持续，项目包括国际礼仪及形体培训、国际商务游学等，带领女企业家们在全球参加各类女性文化交流活动。

邢小红始终认为，环球夫人要名副其实，要能够承担起更多的社会责任，要能够具有与之匹配的社会影响力与号召力。在她的努力下，环球夫人深圳赛区在时尚美学和生活美学领域有了更多探索，公益慈善板块也有了更多突破。如入驻腾讯公益，并在 99 公益日和中国儿童少年基金会共同为春蕾计划募捐，帮助中国乡村女孩实现读书梦想……

世界上美好的东西太多，只要认真地热爱一件事，坚持下去，时间总会给你答案。“相遇何其有幸，感谢那束追梦的光，让我们遇见美好；感谢那束追梦的光，让正能量凝聚向前。未知的路上，‘夫人行’与你逆风前行，风雨同舟。”邢小红的话语在环球夫人的舞台上久久回响。

MRS.GLOBE
环球夫人

刘俐伶到底是一位怎样的女性？一如她的名字，伶俐隽秀的“80后”，她不追星，却有十足的明星气质；她不张扬，却在举手投足间闪着亮光；她体态娇俏，却喜欢大山大川的壮阔波澜；她的性格极具东方温婉，却又深受西方教育；她在平凡的生活中品味岁月，却在激荡的命运中发现自我，在她看似矛盾的特质中，散发出令人着迷的魅力，亦幻亦仙。

MRS.GLOBE

夫人能本色　名士自风流

刘俐伶

成都 OR 重庆

成都还是重庆？不仅仅是一道关于居住地的选择题，在年轻的刘俐伶看来这就是选择了一种生活、一种人生。她的答案是重庆。当然，作为四川姑娘，她也不是没有给过成都机会。

大学那段色彩斑斓的岁月，她就托付给了天府成都。四川大学信息系统管理专业在20世纪末虽然是一个极具挑战的专业，但是这样一位漂亮女孩轻而易举地完成了学习。“当时，我比重点大学的录取分数线高了几十分，但因为是家中独女，父母还是希望不要漂得太远。”位于成都的川大自然成了刘俐伶的最佳选择。

“那时候这个专业是最热门的，也是最具有竞争力的。当时我对自己的认识还没有现在这么深刻，专业选择可以说是向趋势的妥协。”然而，事实证明，这个理科女孩并不热爱这个专业。

“本科毕业后，我选择了去英国留学读硕士研究生，这一次的选择就比上大学时要理智了许多。”刘俐伶说，“考虑到家族产业需要传承，我选择了市场营销专业，为的是以后能够把家族的企业发扬光大。”

刘俐伶在英国第一次真切感受到了东西方文化的差异。“其实，我没有觉得西方的教育比东方的高明，但导师们对于学术的严谨还是深深地打动了我。”

硕士研究生的毕业论文对许多留学生来说都是一场“噩梦”。刘俐伶也不例外，她选择了一个特别不好做的论题《英国消费者眼中的中美电器产品》，这个比较研究的选题在导师看来需要很翔实的实证资料。也正因如此，刘俐伶和她的研究伙伴踏上了漫长的问卷调查之路。从网络阅读到大学图书馆，再到城市图书馆；从利兹到伦敦，再到谢菲尔德……刘俐伶顶着巨大的压力与认识或不认识的人进行着深入交流，回收着一份份宝贵的有效问卷。

“问卷实际上并不容易填写，即便是沟通顺畅的英国人也需要七八分钟才能填完。”刘俐伶回忆说，这份问卷包括品牌的总体印象、外观印象、印象里的高科技含量、价格的合理性、商品的价值、可信度长久性等，“切了很多个维度”。

真实、有效，定量、定性的分析，让刘俐伶的论文得到了为数不多的Distinction（优秀），也将科学精神深深埋在了这个中国姑娘的心坎上。说起这段经历，刘俐伶对它的定性是“痛爽痛爽的”。

“没有在国外生活过的人很难体会到真正的爱国情结。”刘俐伶说，“那种祖国日益强大带来的自豪感，悠久的中国历史带来的归属感，曼妙的东方审美带来的辨识度，只有身处异域才能有真切的体会。”“那时，我就抱定一个信念，学成归国。”而学成后摆在刘俐伶面前的有两个选择：成都还是重庆。

成都平原自古被称为天府之国，地势非常平坦，在成都，你每走一个地儿，都会觉得差不多；重庆这边山地多，是一个大江大河、大山大川的城市，在重庆人要更拼搏，你每换一个区域，因为都要过江过桥，就特别有落差感，在不同的层次中充满变化。“地貌的这种起伏感层次感，让我觉得特别喜欢，就像是生活也有高低起伏，而不是成都那种好像每一个地方都差不多。”刘俐伶坦率地说，“重庆的这种层次感让我觉得更有生活的热情。这种层次感孕育出特有的人文情怀、特别的感官刺激，我觉得生活也得有高低起伏才带劲儿，对吧！”

据说，苏格拉底最爱说的一句话就是：“认识你自己。”同样，刘俐伶也在认识自己的道路上不断前行。

知人 OR 自知

“知人者智，自知者明。”生活的起伏会给人更多自省的机会，也让我们在挫折中获得成长。

2009 年，刘俐伶满怀信心在重庆设立了家族酒业公司重庆分公司，依托她爱人在食品流通领域里的资源，开始将公司引入重庆并向全国市场迈进。“我们高举高打，但是那两三年我们经营得并不好。产品没有差异化，然后投入很多，亏了钱，一下就搞得比较紧。”

小两口的努力没有给公司带来新的生机，反而给家里带来了负担。“那个时候压力很大，而且很迷茫。”刘俐伶反思自己这个阶段的迷茫时说道：“迷茫在于我不知道自己擅长什么。而且那个时候刚好怀孕了。”家庭和事业，这两个难题一下子同时推到了刘俐伶面前。“很长一段时间我都是在痛苦的反思中度过的，很内疚，没帮父母分担，还给家里企业增加了经济压力。”

刘俐伶开始从酒的范畴思索着市场的痛点。她发现想要举杯消愁，却没有一款酒真正适合中国女性。而且她通过与女性朋友的交流，发现大家都遇到过“没酒喝”的尴尬窘境。这个时候，父亲从小的教育和她在英国的所学同时发挥了作用。“我父亲对我一直特别平等和尊重。我是从小就能在他面前说‘你这个意见，我觉得不对’。他从小就给了我勇气、信心让我去面对这个世界，让我从来没有觉得男人能干的事，女人不能干。”加上在英国对市场营销学的专业学习，刘俐伶决定再次从零开始创造一款专属女性的酒。

从想要做一件事，到爱上做一件事，再到把所有的心血都倾注到一件事上，刘俐伶就是这样创建了自己的独立品牌。

“在创立独立品牌的过程中，我更加清晰地知道了我的长板和短板。发现我的思维、我的分析能力都很不错，毕竟有学市场管理的基础，包括对消费市场的这种分析能力、设计能力、实操和执行能力，我发现我是一个非常好的产品经理。后来发现，原来我在设计的美感上有天赋，而那个时候我已经 33 岁了。”

虽然到现在该独立品牌在公司销售额中占的比重很少，但口碑很好，这让刘俐伶感到很满足。刘俐伶说：“这次创新创业，我还有一个比较意外的收获，它让我肯定了自己的审美能力，重拾了信心。我也将这种信心传递给我的客户和朋友，让很多客户看到了我的审美能力和创意的能力，为我后来获取更多的高端的白酒客户打下了基础。”“这几年我白酒的这种定制业务还做得挺好的，我想这就是一个回归了。”

模仿 OR 创新

为了更好地推广中国白酒和中国酒文化，刘俐伶开始了自己的刻苦学习和潜心研究并有所斩获。她先考取了国家二级品酒师，2016 年她不停地飞上海学鸡尾酒，2018 年、2019 年她又去学葡萄酒，考取 WSET3“高级”，2019 年考取国家一级品酒师，2020 年成为泸州市白酒评委和四川省评委，“一天就要品评 50 杯白酒”，可以想象，这都是高手过招啊。

人的优缺点会在与他人的交往中显现出来，酒的优缺点，也会在品味和比较中暴露出来。刘俐伶学习了洋酒、红酒品评，又在白酒领域扎下根去，终于越来越感受到了白酒的独特魅力，正是有了这样的心得体会，她才能够理直气壮地向朋友们传播白酒和白酒文化。

出身于白酒世家的刘俐伶越来越清晰地认识到自己的使命：第一要开阔眼界，在更广阔的范畴中去了解白酒；第二在积累沉淀后，能够去参与并推动中国白酒走向世界。“这实际上不仅是一个产品的传播，也是一种文化的传播。”“你沉下去，才能知道它的魅力。”刘俐伶每次站在古老窖池的边上，体会着传承千百年的酿造技艺，这份非物质文化遗产都令她心潮澎湃，“这时候，我突然发现，多好！老天让我投生在这样一个城市这样一个家庭，拥有这样一份事业。老天就是让我来干这个事的。”

文化自信需要支点，中国故事需要内容。从国内到国外，再回到国内，刘俐伶在学习、生活和事业中一直葆有着对中国传统文化的热爱。过去，她时常会感觉这是空洞的、是概念性的、是感性的；但当岁月洗礼、知识积累到一定程度的时候她才真正为这个文化热爱寻找到有力的支撑。而酒文化，它恰好是中国文化里浓墨重彩的一笔，有了这个载体，回归到一个点上，你能够更好地去表达。

“我觉得产品就像人一样，我们不仅要内涵美内容美，我们还要表达些形式美，就像环球夫人一样对吧？需要内外兼修”在所有设计推出的产品中，独立品牌——属于女性的酒被刘俐伶倾注了最多的心血，也是她最为津津乐道的作品。

自律 OR 自由

“自律让我自由”。刘俐伶不仅身姿娇俏优美，还活力十足。很难想象在她宽大的中式裙袍中藏着紧实的腹肌。能够拥有完美的线条，无疑是诸多女性的梦想。而想要达到这点，并非朝夕之功，而是长期坚持健身的结果。如何养成健身的习惯，刘俐伶说这来自家庭的熏陶和精神的鞭策。“从我记事开始，我的父母坚持早睡早起，每一天都会锻炼。他们对我养成健身的习惯有很大影响。”其次，刘俐伶发现凡是那种性格很好，很阳光，愿意跟人打交道，特别大度宽容的人一定有一个共同特质：身体好。

说到这儿，刘俐伶向笔者分享了对自己成长影响最大的一本书——《生命的不可思议》，还提到书的作者、刘俐伶的老师胡因梦。

“我觉得那本书是我看过最诚实，然后最全面客观面对自己的一本自传。”“我们从小接受的教育都是去了解外部的世界，但是我们很少思考我们内心世界是怎么运作的，我们的欲望、焦虑，我们的七情六欲、喜怒哀乐愁、贪嗔痴慢疑，各种情绪该如何面对。” 书中的很多观点对刘俐伶产生了深远的影响。

刘俐伶说她很幸运，很年轻的时候就遇到了这本书，书中的智慧像一道光照进了她的生活，她愿意将这本好书与更多的朋友们分享。“那本书给了我一个知识的窗户，让我开始探索，我觉得我的内心世界，然后我的性格有很大的变化，包括我开始去反省。” 关于自身天赋、情感、家庭的思考让刘俐伶走向成熟。

当然这本书对刘俐伶坚持健身也有着很大的作用。书中提到一个观点：女性因为天生阳气不足容易湿寒，特别容易肠胃胀气，进而造成焦虑，因而女性首先就会想要用物质的东西来抚慰自己，需要别人的爱来填满自己。这让刘俐伶恍然大悟，“我们女性的焦虑不是要用买包买珠宝或者依靠男性的关爱来解决，我们要把自己的身体打理好。”“健康是相辅相成的，如果没有好身体，谈心灵健康，那都是假的。”刘俐伶说，只有拥有好的身体，通泰的身体，才能活得更清醒、更清晰、更美丽。

姐妹 OR 战友

刘俐伶结识环球夫人大赛，得益于一个好姐姐的引荐。

“说心里话，我对于带有选美元素的比赛是比较排斥的。”刘俐伶说，“因为受胡因梦老师影响很深，我始终不愿意顶着‘美女’的标签而忽略自己内在的成长。”而推荐刘俐伶参加环球夫人大赛的余玲，正是美丽与内涵的结合体，“她事业做得好，人又很漂亮；一手好厨艺，家庭也经营得非常棒。”在她介绍下，刘俐伶开始了解到环球夫人大赛宗旨，这个赛事注重内外兼修，注重家庭与事业的平衡，希望女性活出自己。“我觉得环球夫人算是我人生里的一个惊喜。”刘俐伶感慨道，“我必须要承认这项赛事给了我更多的社会美誉度、认可度、知名度，也带动了我企业品牌的提升，甚至我先生都因此而感到更加骄傲。”

比赛中的刘俐伶是非常投入的，她是那种要么不做，要么就一定认真对待的人。最终刘俐伶的优秀和舞台上的精心准备获得了评委的认可，重庆赛区冠军、中国总决赛亚军，让刘俐伶荣光加身。“这些荣誉的获得让我女儿为我感到非常骄傲，我觉得这也是我参赛的最大价值”。还有一个收获就是通过环球夫人这个平台交到了很多特别好的朋友。“我觉得我看到了更多优秀的女性，比如说李昀轩主席、沛桐、小杰等。我们只有在一个战壕里战斗过、在一个舞台绽放过，我们才更能近距离地去欣赏别人的优点。”

回忆起 2017 年的比赛，刘俐伶记忆犹新，那还是重庆第一届环球夫人大赛，整

个赛事的宣传都挺好的，社会上很多人知道。刘俐伶当时是重庆团市委主管的青年商会会员，她得了冠军后，青年商会马上为她出了一篇推文在商会公众号上推广。“然后我拿了中国总决赛亚军，我们商会的公众号居然给我又出了一期。”刘俐伶感慨“没想到”，而这恰恰说明了社会对环球夫人的认可。

“做内外兼修、拥抱生活、家业平衡这样的女性，这些观念都特别好，我们新时代的女性就应该这样。”现在的她经常以环球夫人之名开展各种公益活动并指引更多优秀的姐妹走向环球夫人的舞台，我们一起将美爱以及更多正能量传递给全社会，让我们的生活更加美好。

刘俐伶是幸运的，她常怀感恩之心，也收获了美满的婚姻、可爱的女儿、体贴的丈夫。“我 33 岁那年开始真正的成长，我开始发现自己从原生家庭到婚姻都这么幸福，这么幸运，所以说我现在是越来越感恩。我想尽量多做好事，会很主动地帮助身边的朋友、做更多善意的事情。”

刘俐伶和她的爱人有各自独立的事业，但是又互相取暖、彼此支持。他俩都想成为更强大的自己，然后又把共同的那部分——婚姻经营好，做到比翼双飞、琴瑟和鸣。他们给自己公司的茶室命名为“琴瑟草庐”，寓意深长。女儿的到来让刘俐伶感到更大的幸福。她说，孩子身体健壮像爸爸，长相像她；而且特别爱学习，一点也不用操心。面对这么多的幸运，她只能越来越感恩，用越来越多的善举回报这个世界。

但行好事，莫问前程。我们坚信所有看得见和看不见的善意都会获得应有的回报。“天下没有白走的路，每一步都算数。”

MRS.GLOBE
环球夫人

肖林祝生长在重庆，有着重庆女孩特有的美与辣。肖林祝家境优渥，她出生前父亲就已经开始在重庆涉足房地产开发，而她并没有沿着家族产业的路径前行。肖林祝更喜欢文化产业，因此，作为影视投资人、创作人，她的不少作品都已经在大银幕上与观众见面，一部部影视作品的成功，奠定了肖林祝在文化产业的坚实基础。

MRS.GLOBE

河边淑气迎芳草　林下清风颂蜡梅

肖林祝

MCN 大 Boss

若不是肖林祝亲口所说，你很难想象这样一位年轻靓丽的女士竟然是偌大的网红主播团队背后的大 Boss。2016 年，网红经济和流量经济方兴未艾，有着敏锐洞察力的肖林祝就带领伙伴们杀入这个赛道。

肖林祝判断，随着移动互联网技术的不断迭代，特别是在日益普及的5G环境下，在流量固定增加的情况下，最受益的就是视频行业。这个基于移动互联网传播的

视频行业与传统的影视行业又不太一样。肖林祝解释说，传统影视的拍摄周期非常长，一个电影从最开始写剧本到最后拍出来到能够上映是一个很漫长的过程，而自媒体的这样一种新的传播方式，让它从内容编写到搬上浏览平台只需要短短的几十分钟。所以说它是一个非常灵活、高效并且有高收益的新业态。

“公司有属于自己的一套专业体系，从培训到运营，从脚本到拍摄到剪辑，专业的人做专业的事，我们就像是一条效率极高的流水线的工厂。”她说道。除了打造高质量的产品外，肖林祝非常注重主播综合实力的提升，重视提升主播在专有领域的专业性，通过职业教练、线下资源导入等不断提升主播在专有领域的话语权。“当然，我们还会带着主播团队去参加各种各样高规格的社交活动，让他们更加积极向上，符合社会主义核心价值观，让他们在互联网上更好地生存，练就他自己的本领。”

肖林祝还透露，因为有着比较独特的影视资源，所以团队里的主播如果在表演和与观众互动方面有提升的需要，就会安排合适的机会在影视剧中出演一些角色，增加他们对表演与观众认同的感知。

“所以利用这整套流程，我们不仅打造了一个很好的线上线下的培养机制，同时也给主播规划了一个清晰的职业化路线，最重要的是我们建立了公司和主播间很强的黏性。”肖林祝说，“我们是一个团队，我们团队在整个行业内相对来说是很稳固的，我的主播流失率在行业里是最低的。”

在肖林祝和她的团队的专业孵化下，很多网红主播都拥有了数量巨大的粉丝群，据不完全统计，她旗下头部5%的网红主播拥有粉丝量近12亿人次。这样的一家企业在互联网领域的估值约30亿元，而更让人惊讶的是，肖林祝拥有多家这样的公司。

向新赛道进发

说起做了5年的网红直播领域，肖林祝侃侃而谈，在数字经济新媒体板块里面，她旗下的主播在游戏品类的排名为全国第二，主播的经济价值排第一，在全品类全行业数字经济新媒体的公司中排第五。

面对如此丰硕的成果和如今如火如荼的网红经济，接下来还有什么新的机会吗？肖林祝不紧不慢说起了海选集团的业务拓展计划。“我们觉得人生就是像海选，人和物都是在海选。”肖林祝说。

新冠肺炎疫情防控期间，肖林祝借助线上渠道帮助一些地方政府解决了很多地方性困难，尤其是在一些贫困地区。

除了帮助贫困地区直播带货外，肖林祝最近又盯上了一个新的细分赛道——科教板块。肖林祝回忆道，2021年5月21日，袁隆平院士去世的那一天，我和我爱人的心情非常难过，然后我们聊起来，我们希望通过自己的传播力，让大家更加重视科学、尊重科学家，进而提高科学家的社会知名度和他们自身的生活质量。让尊重科学，认可科学家的价值成为全社会的共识。

谈到具体的内容形态，肖林祝设想通过选秀的方式，做一些线上的展示活动，选择一些有特点的科学家或者青少年发明家，让他们的专利能够被更多人看到。

比如，按往常情况，大家打赏一个主播是因为他游戏玩得好，或者歌唱得好，舞跳得好；现在如果说你是一个科研人员，你有一个研究课题或者说一个知识传播型的发明，可以让更多人参与或者受益享受，大家给你打赏不是更好吗？肖林祝希望有一个平台能够引导大众不光是关注娱乐游戏主播，未来，大家可以更关注那些具有更加深远社会价值的主播。

于是她和爱人就商量说，也许应该开一个新的赛道，做一个线上线下的联动活动，让顶尖的科学家或者优秀的科研人员可以在上面一展自己的风采；企业家想要选择投资项目的话，也可以通过这个科创大赛，通过上亿的流量粉丝的评议，选出被大家认可的、社会需要的项目。

"我们的想法是希望通过科创科教的这么一个板块，让更多的人开始尊重和向往科研领域，让科学家的地位变高，进而引导青少年形成正能量的价值观。"肖林祝说，"让孩子们更多地立志于成为'科学家'。""我们应该重新定义一下网红的社会责任，重新定义网红的构成。"

做公益与做事业融为一体

在公司管理上十分严格，甚至有些严厉的肖林祝，在私下里对朋友却是极其温柔。“好脾气”是朋友们对她的评价，去哪儿、吃什么、玩什么她往往都会赞同朋友们的建议，因为在她心里“自己的快乐源于让他人快乐”。

这种理念根深蒂固，让肖林祝做起公益事业就有使不完的力气。

说起印象深刻的公益活动，肖林祝说自己曾受邀出席助残公益歌曲《爱的阳光》发布会。那一次由海峡两岸及港澳111位明星参与录制的助残公益歌曲《爱的阳光》发布会暨全国传唱活动启动仪式在北京举行。得到邀请的时候，肖林祝正在电影拍摄的片场忙得不可开交，但她还是告诉助理排出了出席时间。

肖林祝说《爱的阳光》是一首非常有意义的公益歌曲，它由国内著名音乐人郭峰创作。这首歌曲深切关注残疾人的生活，传播了自强不息、守望相助的正能量，讴歌新时代残疾人群体的精神风貌。歌曲同时激励残疾人以乐观、进取的精神创造美好生活，倡导残健同心，携手同行，共沐爱的阳光。

除了关注残疾人，肖林祝还格外关心老人和孩子。重阳节时，作为环球夫人大赛上海赛区执行主席的肖林祝就组织夫人们联手相关公益机构和组织一起走进上海益康敬老院，开展“重阳敬老，美爱同行”的主题慈善活动，给敬老院里的爷爷奶奶们捐赠了慰问金、牛奶、面包、残疾车、T恤衫、书画等慰问品，还发起了爱心慰问等演出。

肖林祝和夫人们还亲自动手给老人们包饺子、喂饺子。看到老人们开心的笑容，肖林祝倍感欣慰。她说，尊老、敬老是中华民族的传统美德，环球夫人是一个美丽的大家庭，每一名夫人用自己的实际行动践行着“美爱同行”的大赛宗旨和核心，为社会传递温情力量。

肖林祝始终把公益活动作为自己事业的一部分，在组织大赛的过程中，慈善是不变的主题；在拍摄影视作品的时候，把弘扬中国精神、传播正能量作为自己的使命。《中国刑警》《战疫英雄》等主旋律影片正成为肖林祝将公益注入实业的最新尝试。

向世界讲述中国故事

在文化传播领域发力多年，肖林祝越来越感受到身上的使命与职责。她开始努力转向，将视野拓展到全球。“我们不仅要把企业做好，把优秀的文化传承好，还要通过互联网让更多的国际人士了解中国、喜欢中国。”

肖林祝表示，希望更多地做一些海外领域的拓展，“我们有许多网络活动，在国外的宣传能力很弱，这块需要我们这些从事网络文化传播的公司共同努力。”

中国有很美的神话故事、国粹艺术，有源远流长的音乐、绘画，人文底蕴深厚的传统文化……这些好的东西都可以往外宣传。肖林祝说，我们需要做的是通过一个更柔性、更高效的渠道来送达、传播，让更多的观众跨越大洋领略中国风采。

所以，近段时间，肖林祝的企业已经开始注重培养一些主播的“出海”能力，同时也尝试在海外培养一些拥有良好外语沟通能力又对中国文化感兴趣的native speaker（本地的讲述者）来宣传中国文化。

在实业层面，肖林祝更是拿出真金白银投资了云南某中华老字号产业。之所以投资，除了肖林祝的民族情怀外，她还被两个人打动了。其中之一是创始人浦在廷，这位爱国商人是卓琳女士的父亲，他将自己赚到的钱都用来支持国家建设，令人动容。

还有一位，是这家云南中华老字号产业的董事长陈阳。这位白手起家的创业者，经历了艰苦的努力，最终成为新一代的掌门人，在他的身上肖林祝看到了当代年轻人的拼搏、理想与坚韧，她也因此愿意投资，让中华之威重振于世界。

2020年6月1日，中共中央、国务院印发《海南自由贸易港建设总体方案》；2021年4月8日，发改委、商务部再次联合发布《关于支持海南自由贸易港建设放宽市场准入若干特别措施的意见》，包含五个方面二十一条内容，将医疗、文化、教育、旅游等服务业作为发展重点。这些信息，坚定了肖林祝将海南作为下一步面向海外拓展基地的战略构想。

肖林祝打算在海南落地一个网红直播基地，在海南打造一个国际化的流量输出端口。“不光是让全中国的人看到海南现在发展的景象，让没到过海南的朋友通过主播知道去哪玩，知道有哪些好的创业政策，知道在海南如何消费，也让欧美等西方国家，了解海南作为中国自贸港将给世界贸易带来怎样的便利。”

肖林祝补充介绍说，网红主播的到来必将为海南打造网红地标，在线下有些网红主播也会投资开设茶餐厅、火锅店、服装店等一系列的消费场所，有10亿粉丝作为支撑，带来可持续的人流，让海南旅游消费淡季不淡成为现实。

被唤醒的生命密码

“我在介绍自己的时候，最先就会告诉别人我是环球夫人的全球执行副主席。”肖林祝满心自豪地说。

肖林祝曾获得环球夫人重庆总冠军、中国亚军、全球季军，如今是联合国妇女署环球夫人亲善大使，环球夫人大赛全球执行副主席，并且负责着重庆、上海和长沙三个赛区。说起与环球夫人结缘，她与很多夫人一样，都源自自己的闺蜜。肖林祝加入环球夫人的引路人正是另一个重庆赛区总冠军刘俐伶。在肖林祝看来，刘俐伶是自己的姐姐也是自己的榜样。“她说环球夫人有满满的正能量，非常值得参与。”

肖林祝开始在繁忙的工作中放慢脚步来关注环球夫人的一些资讯。她了解到，环球夫人以“慈善公益”为核心，公益足迹遍布关爱儿童、老人、残障人士、环境治理、野生动物保护等方方面面。“可以说哪里需要，哪里就有环球夫人的身影。”肖林祝说，“仅这一点，我就爱了。”

说到参加环球夫人大赛最大的收获，肖林祝坦言：“我最大的收获是对自己的认可。”

在肖林祝出生以前，她的父亲就已经从事房地产开发了，她的家族在重庆商圈很有影响力。在学校，肖林祝从来都是品学兼优的好孩子，10 多岁时肖林祝就因为身材高挑而经常被模特公司探访，请她做平面模特或者 T 台走秀。肖林祝因此很开心。但那时候，她的父亲说她不务正业，对此十分反对，甚至不允许她再

参与这样的工作。参加环球夫人大赛，再次唤醒了肖林祝身体内潜藏着的舞台细胞。“我意识到自己对于舞台还是向往的。”这次的参赛也让父亲改变了对她走秀在聚光灯下的看法。肖林祝说：“这样一个非常传统的老人，现在微信朋友圈里发的全是我的新闻。”

从肖林祝策划拍摄的第一部电影上映到她取得环球夫人重庆赛区的总冠军，肖爸爸的态度发生了180度的转变，当肖林祝犹豫要不要参加全国总决赛的时候，爸爸鼓励道：“你现在已经不是代表你自己，而是代表重庆参赛。”当肖林祝获得全国亚军的时候，肖爸爸再次鼓励她：“你现在要代表中国参赛了。”

还让肖林祝感到高兴的一点是，她的儿子和自己一起出现在环球夫人中国总决赛亲子秀的环节中。孩子没有胆怯。下来后肖林祝和儿子一起分享了自己的荣誉，告诉他是他帮助妈妈拿到了这个珍贵的荣誉。

“现在，孩子在学校会告诉老师和同学：‘我妈妈是环球夫人的主席。’他感到非常自豪。”肖林祝说。因此，她也对环球夫人中的亲子展示环节夸赞不已：“我觉得这是环球夫人大赛最人性化的地方，也是区别于其他比赛的亮点。”

现在环球夫人也在年轻化，作为一个“85后”的全球执行副主席，肖林祝也感到自己肩上责任重大——她要全力协助组委会把赛事的顶层构架搭建好，更加凸显出这个赛事的公益性和专业化。

“我寻寻觅觅，终于发现环球夫人是我的最热爱，而经营管理其他的公司只能算我的工作和事业。”肖林祝十分诚恳地说。

2018 22nd MRS. GLOBE
环球夫人中国总决

MRS.GLOBE
环球夫人

在这个世界上，几乎每个人都会认为自己很出众。但，只有不停留在"认为"上，而是不断调整自己，证明自己出众的人，才会真的很出众。而她一直在路上，进行着不同角色的转变。

MRS.GLOBE

凤鸣高冈　桐生朝阳

李佳桐

为艺术而生的女孩

“85”后的李佳桐生长在艺术气息浓厚的八朝古都——开封。一方水土养一方人，李佳桐既有北方女孩的大气，还有南方女孩的温婉。她是家中的独女，与同龄孩子不同的是，父母对她的要求比较严苛。“放学要按时回家，晚 5 分钟，可能就会挨打。”“一年级期末考试考了 99 分，也会被批评。”在李佳桐的记忆中她就是一个被父母打大的孩子。

为了让小佳桐接受更加全面的教育，从她 6 岁开始，父母便培养她的艺术才能，唱歌、跳舞、乐器、画画，她都学得有模有样；特别是在美术方面，小佳桐表现出了特别的天赋，从她眼中看到的事物经过小手画出来就多了份灵动和美丽。

北京、杭州、西安，这三个分别位于中国三个方位的城市，贯穿着李佳桐童年的生活。15 岁的小佳桐就被爸妈送到了北京，在中央美术学院老师的辅导下，打下了扎实的美术功底。

“经过学习，让小小的我看到了外面的世界。”李佳桐说。

从那时起，她就给自己立了一个目标：考入八大美术学院之一。

李佳桐是最早的一批美术生，一放假她还会去杭州中国美术学院学习，艺术对于李佳桐来说已经成为生命中不可或缺的一部分，颜色、线条、造型都已融入李佳桐的血液里。

艺考之路很艰辛，李佳桐说：“到现在我依然记得那年冬天，大雪纷飞，母亲带着我在考点附近找住的地方，找到天黑也没有一个落脚的地方；依然记得考试

头一天认真整理自己的美术用品——颜料、铅笔等的情景；依然记得每一场考试出来都能看到早已等在门口的母亲；我想每一个有艺考经历的学生都应该会和我有共鸣。”

经过十几年的学习，李佳桐以高分通过了包括中国美术学院、四川美术学院、西安美术学院等十所美术院校的专业考试。

最终她实现了自己的目标，八大美院之一的西安美术学院，张开怀抱迎接这位优秀的女同学。

“学艺术的，都会有独特的气质，记得大学老师上课的时候告诉我们，你们每个人都要不一样，做艺术要创新，如果你们做出来的作品都一样的话，那就没办法让别人记住。所以我的同学们经常吃饭睡觉都在创作，为的就是和别人不一样。”

“美丽的皮囊千篇一律，有趣的灵魂万里挑一。书籍设计中，你见过用铁皮当封皮，用水泥板当封皮的吗？我就这么做过，跑遍所有建材市场找材料，做了一本‘钢筋水泥’的书。所以我认为艺术虽源于生活，但是高于生活，要想别人不敢想的事，做别人不敢做的事。”

4 年的校园生活，李佳桐感受颇多，徜徉在艺术的海洋，如饥似渴地吸收着一切滋养着她生命的美术因子。可能连她自己都不曾察觉，在不舍昼夜的创作中，她自己也变得越来越美了。

如今李佳桐说：“特别感谢父母这么有先见之明，为我创造了好的学习条件，艺术和审美不是一蹴而就的，而是长时间积累的。也正是因为长达二十多年的美术学习，我身上处处散发着与众不同的艺术气息。”

名记者 & 主持人 & 研究生

本科毕业后，本来已经被陕西省广播电视台录取的李佳桐，果断决定，要回到父母的身边陪伴父母。谁也没想到她竟然考入开封市广播电视台成为一名女记者。

当问到她“为什么学习美术这么多年会转行成为一名记者”，李佳桐说：“我并没有忘本，从未离开过艺术。我认为艺术是相通的，当记者期间，我的每一篇新闻稿件内容都需要创新，每一次拍摄都对画面构图有着较高追求，这都源于我对艺术有着高要求，所以我拍出来的片子经常获得领导的好评。”

“当时有一个子栏目《这里是开封》，主要讲述开封的人和事，我就运用我大学所学，做出了很有历史质感的标题，包括节目中间的转场画面，也是我自己亲手制作的。我觉得学以致用，把所学运用到生活的各个方面，即使转行，也会是华丽的转身。”

那怎么又从记者成为主持人呢？主持其实对于李佳桐来说并不陌生，从小到大，她都是学校里走红的主持人，但要在一个地级市的广播电视台成为一名合格的主持人，则要求更高，李佳桐也告诉自己必须进行专业、系统的学习。

“我要做绘画界主持得最好的。”李佳桐开玩笑地说道。于是，北上的高铁再次载着李佳桐穿梭于两个并不陌生的城市，她成为中国传媒大学高级研修班的一名学员，工作之余，李佳桐就会坐在中传的课堂里，研习主持人的专业知识。“在中传每天早上6:00是要站到校园里、湖旁边，真的是要练声的，嘿哈、哼哈、啊的那种。”李佳桐说，“干一行像一行，干一行爱一行。”

“主持还和艺术相关吗？”“当然相关，一篇文章的朗诵就和绘画一样有节奏、有重点的，轻重缓急、语速语调等细节的处理，都很重要。当然主持人的发型、妆容、服装搭配这些都需要对‘美’有一定的理解，这听起来有点夸张，但是也确实是我经历的。”

当看到她着装得体地坐在直播间主持的画面，你不得不借用一句河南话来说——这个姑娘真中。

作为当地受欢迎的民生新闻主播，李佳桐被单位推荐到省台学习，学习归来她再次对自己的知识结构产生了不满，她一鼓作气地考取了河南大学的硕士研究生，学习公共管理专业。“我觉得我需要对社会、政治、经济各方面都有所了解，也只有如此，我才能做好一名主持人，才能在节目中对各种社会现象进行专业的点评。”

环球夫人中国冠军

参加环球夫人大赛，是李佳桐在人生大事间的小插曲，而这个小插曲却又对她产生了深深的影响。2018年，当朋友推介李佳桐去参加环球夫人大赛的时候，她刚刚完成硕士研究生的学业。“那时候刚好有时间，我一看这个平台很好啊，有那么多优秀的夫人参加，一定能学习到很多东西，我就报名参赛了。”

在河南赛区培训的三个月，是非常辛苦的。每天上午都要去练形体，这让李佳桐记忆犹新。然而，她就是个认真的人，只要决定做的事情，不论结果如何也会认认真真地完成。当时河南赛区主席看到了李佳桐的认真，多次鼓励她，告诉她要好好比赛，争取去北京参加全国决赛。

“我那时候还不太自信，我想能在河南赛区获奖就不错了，北京那么多来自全国的精英女性，我这怎么能跟人家比啊！”这个时候李佳桐的母亲推了她一把，她说：“孩子你去北京，不是一定要得奖，而是要去看看别人比你强多少、强在哪，你要敢于去了解这个世界。”李佳桐就想到了妈妈小时候把她送去北京、杭州学习的往事，也更加坚定了要去看一看的信念。

后来，李佳桐获得了河南赛区的冠军并走上了中国总决赛的舞台。参加比赛，李佳桐得到了全家人的支持，妈妈鼓励她努力晋级，公公婆婆帮她看孩子……一个赛事，调动了全家人的神经。

认真、努力、敢于创新，1号选手李佳桐穿着一袭白色礼服走在北京水立方总决赛舞台上，大气温婉，“主持人、艺术家、一位母亲”，她所展示给大家的不仅仅是舞台上的几分钟，而是台下从小坚持不懈严格要求自己的精神。“机会是留给有准备的人的。”这句话说得一点不错，而她就是那个时刻准备着的人。最终李佳桐拿下了第22届环球夫人中国总决赛冠军。

作为环球夫人中国赛区冠军，李佳桐挥舞着中国国旗代表中国参加全球总决赛时，是多么地自豪和骄傲。在全球总决赛的舞台上，李佳桐汉身着汉服，以诗朗诵搭配现场书法的形式展示书法《梅花》，风格新颖独特，挥洒泼墨，行云流水间尽显中国书法草书的魅力，因而惊艳四座。当问及为什么采用这种艺术形式时，李佳桐表示，她最初的想法就是在舞台上一定要表现中国特色，她认为以汉字为基础的书法艺术是能够代表中国的。然后她把自己的想法与导演专业的朋友交流，在朋友的帮助下继续丰富了舞台表现力，最后以美丽的样貌出现在了观众面前。以至于，比赛结束后就有好几家跨国公司向李佳桐发出邀请，希望她能够在中外交流会上再现这个节目，现场书法作品也被观众以六位数的价格买走。李佳桐谦虚地说：“那位买我书法作品的先生说第一次看到书法的写作过程还可以这么美，我想虽然美院毕业的我艺术功底还可以，之前都是一幅作品被认可，但这次是创作过程感染了大家，很欣慰。”

从河南赛区冠军到中国总决赛冠军，李佳桐作为中国总决赛冠军代表中国参加了全球总决赛。“这一路走来感觉像是做梦一样。”李佳桐笑着说。

她还说自信是建立在成功基础上的，有了几次比赛成功的经验，她就慢慢地自信了起来。她也希望女性朋友要多给自己创造机会，接受挑战，这样也会变得越来越自信，越来越有魅力。

三个孩子的母亲 &
家庭教育咨询师

当李佳桐获得全国总冠军的时候，家人们是开心的，但也有些担忧。婆婆就觉得儿媳妇这么优秀，会跟家庭产生距离。而李佳桐很快就打消了她的顾虑，大赛结束后第二年二宝出生了，今年三宝也出生了。而今，看着三个大孙子，婆婆乐得合不拢嘴。而公公婆婆的内心对李佳桐也充满了感激——儿媳妇并没有飘出去，而是回归家庭，继续把家打理得井井有条、敬老育幼，成为家人的依靠。

如今的李佳桐是三个儿子的妈妈，老大 6 岁、老二 1 岁半、老三 6 个月，但凡听说李佳桐有三个儿子的人，都投来惊讶羡慕的目光，佩服她的勇气。“一个孩子养起来都那么地费劲，你这 3 个男孩，相当于养 6 个女孩，那调皮的，以后有你受的了。”当别人这么说的时候，李佳桐总会笑一笑，因为她早就为自己计划好了。

在有第一个孩子的时候，李佳桐在育儿方面准备还不充足，对大宝的教育总感觉亏欠。现在 3 个孩子了，虽然先生很疼她，给每个孩子都配了育婴师，家里还有厨师、司机，但对于教育，她一定要亲力亲为。而且她深知教育需要有科学的方法、系统的学习，这样才可以因材施教，利于孩子的成长。在怀了二胎之后，她在先生的支持下学习了家庭教育咨询师的全部课程，即便是在怀孕期间，挺着肚子也会到北京参加学习。

李佳桐说做家长是最不需要门槛的职业，也是最难的职业。她认为自己最大的优点就是做什么事情都要尽最大努力做到最好，所以经过学习，她考取了家庭教育指导师资格证和家庭教育咨询师证。

李佳桐从主持人到成为一名家庭教育咨询师用了 4 年的时间，在此期间她服务了很多家庭。这种角色的转换需要付出很多。因为家庭教育咨询师首先需要具备扎实的家庭教育、儿童发展与成长的专业知识，还要熟练掌握家庭咨询技术，通过一对一咨询的工作形式，来帮助家长提升家庭教育能力，解决孩子成长中遇到的问题，改变家庭教育观念，增进亲子关系，最终帮助孩子成长。

“我认为这是一项很棒的工作，不仅能教育自己的孩子，还能帮助别人。”李佳桐激动地说，“因为看到很多家庭都太依赖学校教育，忽略了家庭教育和家长自身的成长。我想让更多的家长意识到家庭教育的重要性，用自己的力量来影响更多的家庭，培养新时代的家庭教育理念。”

对教育她有着自己的看法，她说：“我理解的教育是，当一个人把学校学到的知识忘掉之后，剩下来的东西，就是‘教育’。而我的孩子们，我会首先考虑我希望他们长大后成为什么样的人，成为这样的人需要具备哪些能力，再‘以终为始’地去培养他们。”

不管是教育孩子还是自我成长，李佳桐认为都需要不断地学习新东西，把学习当成一种习惯、一种信念，不是因为有效果才去坚持，而是坚持了才能看到效果。所以，她在学习的路上一直坚持着。

家庭 CEO
——Hold 住角色 Hold 住爱

“虽然都说女人最难的是如何平衡家庭和事业，但是经历了那么多，我找到了一种平衡的方法，现在把经营管理家庭、教育三个孩子当成了我目前的事业，我就是家里的 CEO。”李佳桐幸福地说。

对于，再次走入社会，李佳桐时刻都做着准备。她自信地说：“我在把重心放在孩子身上的同时，也在锻炼着自己的教育能力、管理能力，日后只要‘推开门’，随时可以走入社会。”

哄睡二宝、陪大宝聊聊天、喂养三宝，让他们感受到母亲的气息，晚上的时间对于李佳桐来说总是紧张而有序的。“不想亏待每一个孩子。”10 点左右，世界安静了，李佳桐轻轻推开每一扇门，再确认一遍孩子们都安睡了，她才安心回到自己的房间，继续学习看书——“追剧”这个词离她比较远。

谈及老公，李佳桐又是那么贴心，“因为老公不仅要经营企业，还是人大代表，需要履行很多的社会责任，我尽量把家里的事情打理好，不让他为了家里的琐事分心。每当老公回到家，我都跟他分享一些开心有趣的事情，这样在外辛苦了一天的他也会觉得放松，感受到家的温暖。”

家庭生活琐碎的事情太多，隐藏的工作和想不到的问题是大量存在的，如果没有规矩和方法，一大家子可能会“乱成一锅粥”。李佳桐要处理各种各样的关系和矛盾，夫妻间的、亲子间的、主雇间的、员工间的……哪一种关系出了问题都会影响到整个家庭的有序运转。“相互尊重、相互理解、相互包容是最重要的，把每一种合作关系都做到恰如其分，正是我要去研究和实践的课题。”

李佳桐在学习中成长，也在成长中学习。与学习相对应的便是教育。“学习是为了让自己变得更好，教育是为了别人变得更好。”

李佳桐说：“即使有了孩子，也要有自己的生活和爱好，我依然会抽出时间健身、打高尔夫，甚至带着孩子一起打高尔夫，把琐碎的时间利用好，我依然能在照顾好孩子、家庭的同时，做很多让自己变得更好的事儿。希望每一位妈妈，在爱孩子的同时，要先爱自己，自己心情舒畅了，开心了，才能感染一家人。”

越来越强大的李佳桐，也正在进行又一次的角色转换，这一次她要把自己的感悟、心得传授给更多需要的人。“这个过程是从小爱转变为大爱的过程，作为环球夫人，我要用自己的魅力、号召力去影响更多的人，用专业的力量去帮助更多的人。”

2018 22nd MRS. GLOBE
环球夫人北京分赛区亚军

MRS.GLOBE
环球夫人

她是秀外慧中的神针姐姐、温暖如玉的心理医师、大方无隅的太极传人、授人以渔的客座教授、心有所归的孝顺儿女、爱有所属的环球夫人、健美超群的冠军模特……一口气真的难以尽述她头顶的光环。

MRS.GLOBE

吾生也有涯　济世也无涯

伍亿芳

传承——融中西、鉴古今，铸大医精诚

祖籍湖南的伍亿芳，虽然在湖南生活的时间并不长，但骨子里还是个倔强的湘妹子——认准的事儿就会去做，撞破南墙不回头。

从小随父亲出入医院，伍亿芳对于医生这个职业并不陌生。在她幼小的心田里，白大褂是最美的服装，而那些身着白大褂的叔叔阿姨们就是天使的化身，她也要成为这样一位天使。

年轻的伍亿芳，临床医学中专毕业后就成了基层医院的一名全科医生：“那时候，什么病都要看，既要能动小手术，还要管生孩子；治个头疼脑热、跌打损伤就是家常便饭。”

工作一段时间后，伍亿芳发现西药是西医治疗的关键，然而，西药的更新换代速度太快，加之很多药品本身就具有不少副作用，临床实践中依赖设备诊断与鉴别诊断必不可少。为了积累更多经验为病患解决痛苦，她把专注力放到了中医的学习中，发现临床中不少中医传统治疗方法起到了非常明显的效果。

实践的启示，激发了伍亿芳求知的欲望，她决定要弄通中医的历史不变、理论不变、方剂不变、中药不变的奥秘。于是，她就走上了医学分科中最具挑战性的中西医结合之路。

1996 年，想要继续深造的伍亿芳，再次参加高考。让家人和朋友们没有想到的是，她揣着河南医科大学的录取通知书，却继续北上选择了去北京，大专、研究生、讲师……她的学习步伐永无止境，正是这一步一个脚印成就了现在，她完成了国家考试，成为一名合格的中西医结合医师。时隔25年，当问起她对此事有没有过后悔时，她说从来没有后悔过，在北京她见到了许多名老中医，其中就有名副其实的专家。这些难得的经历让伍亿芳受益匪浅，她也在学习中结识了自己的针灸师父。

伍亿芳说："我的传统针灸的启蒙老师是国医大师贺普仁教授，他独创的'贺氏针灸三通法'享誉全球。在宣武中医院实习时我参加了贺老'临床高级针灸提高班'的学习，微通、温通、强通三法在很多皮肤病、常见病、疑难杂症治疗中起到巨大的疗效。我的现代针灸导师是平衡针创始人王文远教授，他是国家973项目传承人，我还是他的亲传弟子，在他那里我学会了'平衡针'诊疗方法。这种现代针灸方法给广大患者带了更大的方便，造福了无数人。"她越来越坚定自己所崇尚的"以自然之道，养自然之身"的治疗原则。

说起传统针灸和现代针灸的区别，伍亿芳解释道，传统针灸需要留针，治疗不同的患者，需要选择不同的时间，一次治疗往往需要二三十分钟，中间还需要用对针捻转、加电等方法帮助病人得气；而现代针灸以"平衡针"为代表，不选择时间、不选择地点、不选择病人，也不留针，快则3秒，慢则3～5分钟治疗完毕。她说："传统针灸扎的是穴位，而平衡针法扎的是神经。这便是传统针灸在现代医学上的发展和创新。"

而今，伍亿芳已经是中西医结合治疗的主任医师，她的女儿也继承了母亲的衣钵，在新西兰奥克兰成了小有名气的中医针灸大夫。伍亿芳为她感到骄傲，说起女儿，满脸的骄傲与自豪。

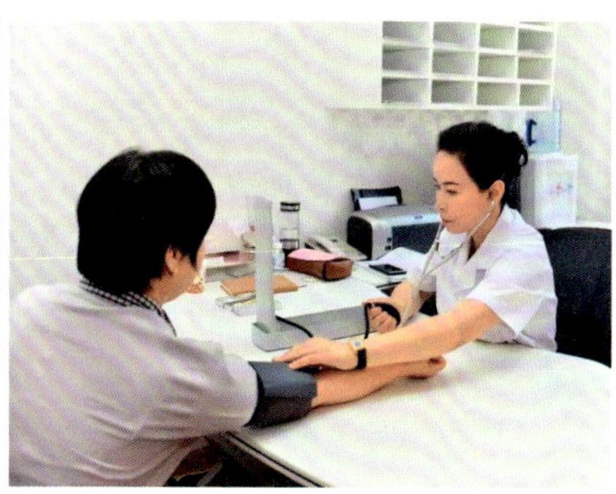

济世——银针短、善行长，度人间苦厄

伍亿芳喜欢帮助别人，或许是天性，但更是她作为医生的职责所系。找伍亿芳看病的人很多，家里确实有困难的，她总是能减就减、能免就免。她从公立医院提前退休，创办了自己的私人诊所，有一个很重要的原因就在于自由，自由能够将她的公益理想按照自己的意愿无限放大。也正是因为如此，找她看病的人越来越多，为弘扬现代平衡针技术，有医院邀请她到内蒙古坐诊。每周出诊两天，每天总是病人爆满。她说："虽然两地出诊十分辛苦，但想到患者，我没法拒绝。"

伍亿芳看病不仅仅是中西医结合，她还十分重视患者的心理健康。作为心理医师，她知道有很多疾病与心理问题关系密切，在进行身体诊疗的同时进行心理疏导，让她的患者收获的是真正的健康、长久的健康。比如，伍亿芳在对一个藏族小伙的治疗中就常常叮嘱他要试着改变自己的性格和生活方式。有不少长期抑郁、焦虑的重症患者都在伍亿芳的治疗下获得痊愈。

工作之余，伍亿芳还义务为内蒙古自治区共青团员们提供心理咨询服务，帮助他们更加健康地成长。为此，内蒙古自治区共青团社区志愿者协会还对伍亿芳进行了特别表彰。即便是在新冠肺炎疫情防控期间，伍亿芳的出诊和咨询都没有停。"我能停，可患者的病情不能停啊。"她的心里满满的都是患者，都是需要帮助的人。

返璞——静修身、俭养德，淡泊方可明志

伍亿芳热衷于中华优秀传统文化，尤其崇尚自然疗法“以乐为药”。中医所谓气血通畅、阴阳平衡则百病不生，“正气存内，邪不可干”，这其实是追求一种平衡，伍亿芳所追求的也是自身的平衡以及自身和周遭环境的平衡。

伍亿芳的生活极其简单。熟悉她的人都知道，她没有什么奢侈性的消费，吃穿用度，都以适量为好，不贪多也不过分求精，朴素给予她一种深厚的力量。“有容乃大，无欲则刚”，就是她真实的写照。

“我觉得最好的时刻就是当下。”伍亿芳说，“我们三家三口，每个人都有自己的事业，虽然生活在不同的城市，但我们都在为追求自身价值而努力。这让我的心中时刻涌动着一种能量，正是这种能量让我们还在不断地学习、进步。”

伍亿芳的生活很简单，用她的话说就是对于物质的要求没有那么高。孩子已经长大独立，而今，她的大部分时间都用在工作和学习上。“我推掉许多不必要的应酬，让自己能够有更多的时间，关照内心、帮助别人，从而让自己的心中充满喜悦。”

伍亿芳家里的客厅很大，却没有什么家具。她说这也是她的一种生活状态——去除那些看似有用却并不需要的东西，给自己多一点空间。

每天清晨，伍亿芳都会在空旷的客厅中放响自己喜欢的音乐，随着音乐的节奏舞动起来，或打拳或练扇、或舞剑或静观。伍亿芳说：“不一定要完整地练一套拳或操，身体想动的地方就去动一动它，由意带气、由气带形，随着一呼一吸之间推动血液运行，不想动的地方就静静地关照它，整个身体就会很舒服，而舒服的一天就以这样的方式开始了。”

动与静，在她的身上总是能恰到好处地融合。动起来的伍亿芳，活力四射，青春靓丽。她是机车爱好者，考取了摩托车驾驶证；她是严格自律的健身发烧友，在2019年荣获了“北京市健美锦标赛健身模特大师组”的冠军。

数十年来，许多的事和物，伍亿芳都不再执着，唯一让她放不下的就是自己的事业，而这份事业不是为了自己，更多的还是为了饱受病痛折磨的患者。

父母告诉伍亿芳做人做事最宝贵的就是真诚，伍亿芳的职业也注定她来不得半点虚假。真善美的精神在伍亿芳的身上得到了充分的显现。从小，伍亿芳看着父母帮助他人，而今她又用这种乐于助人的情怀感染着身边的人。“我觉得自己很充实、很有福气，这些福气是家人前世修得福报的结果。”

伍亿芳说，人最大的幸福是什么？是没有病痛。人间最大的爱是什么？是帮助别人消除病痛。为了人间大爱、为了更多人的幸福，伍亿芳还将坚定地走下去。

领航——守正道、创新局，真情超越时空

卸下身心的包袱，也许就是为了一次更久的远行。这一切，伍亿芳已经准备好了。当 2018 年伍亿芳踏上环球夫人大赛的舞台时，她或许还没有意识到，这次远行已经起航。

伍亿芳初识环球夫人是在 2015 年，那是因为当时参赛的夫人们到敬老院去开展公益慰问活动，而此时恰逢伍亿芳也去为老人们服务。医术精湛、气质不凡的伍亿芳就给环球夫人执行主席留下了深刻的印象，并得到邀请参加环球夫人比赛。

那时伍亿芳并没有应允，她当时还不了解，环球夫人大赛是怎样的一个赛事，这个机构又是怎样的一个平台。但环球夫人没有忘记她，她与环球夫人又有了第二次、第三次的邂逅，伍亿芳也渐渐了解，环球夫人大赛的宗旨“美爱同行”的真正内涵。

“仅仅致力于公益慈善这一点就与我的理念十分契合。”伍亿芳说，“我一个人的力量始终是有限的，为何不在更大的平台上，与更多志同道合的姐妹们一起将中国女性的能量发挥出来造福家人、造福社会呢？”

于是，2018 年，伍亿芳终于走上环球夫人的舞台，并一举拿下第 22 届环球夫人大赛中国区总决赛季军、全球总决赛 15 强的优秀战绩。伍亿芳举手投足间的优雅、舞动太极扇的飘逸洒脱、刚柔并济都给评委们留下了深刻的印象。

当问及她为什么在全球总决赛才艺表演的环节选择太极扇时，她说："我觉得全球总决赛的舞台，不仅是展示个人风采的舞台，更是向全世界展示中国形象的舞台。而太极扇是中国优秀传统文化的代表之一，用它讲述中华文明的博大精深再合适不过了。"

伍亿芳的出众不仅仅表现在环球夫人大赛的舞台上，在台下，伍亿芳还义务担当起环球夫人大赛的首席医疗官。几乎每个参赛的夫人都得到过伍亿芳的关照。第一天报到后晚宴，非洲夫人就出现头痛头晕，经过针治立刻见效；在小梅沙泳装拍摄活动过程中，以色列夫人急性腹部痉挛疼痛难忍，她三针下去，选手立即不痛了，还美美地留下第一次针灸治疗照；中国选手黄夫人因身体虚弱加上父亲过世噩耗传来，在训练中猝然晕倒，四肢厥冷，情况紧急，伍亿芳沉着冷静，迅速取针、下针，几分钟过后，黄夫人的心率慢慢平稳，意识也清楚了；外籍导演 FILEK FAFSK 因行走不慎摔倒，右踝骨扭伤、右肩疼痛不能高举、右膝下血肿，那天已是深夜 12 点多了，得知情况后伍亿芳立即赶过去，使用平衡针对外籍导演进行医治，当下这位导演的右臂可以高举过头、右脚踝也可转动……每个因针结缘的人都为其手中的三寸银针感叹，似乎银针能化作灵丹瞬间驱邪止痛。

为环球夫人大赛提供医疗保障，可不是一年一次，成为环球夫人 3 年来，伍亿芳既是评委，又是首席医疗官。针不离身的她，让越来越多的全国各地、世界各国的夫人们了解到中国医学的博大精深。

追寻——更健康、更美丽，绽放生命之光

什么样的人生才算完满？一万个人有一万个答案，完美的人生也许存在于我们永远无法企及的彼岸，但在此生，对于健康、美丽的追求却是所有人共同的目标。

用自己的所长，让他人更美丽、更健康，让更多的生命绽放出夺目的光彩，则是伍亿芳所追寻的完满。

“路漫漫其修远兮，吾将上下而求索。”10 多年前，伍亿芳开始担任国家养老专业委员会副总干事，调研并试点新型养老模式，将医院的管理与企业的管理融为一体，完成从亲情养老到现代化医养结合的跃迁，为我国当前的养老事业积累了宝贵的经验。“健康与美丽，是每个人的需求，而对于老年人来说这更为重要。所以，我花了很多时间在养老问题的研究上。”

除了科学养老外，如何科学减肥，获得更加轻盈的体态，远离亚健康，成为伍亿芳近年来重点探索的课题。内蒙古的一位 50 岁的中年男性，体重达 204 斤。通过伍亿芳的科学施诊，25 次治疗后，体重就减轻了 25 斤；与此同时，肥胖症患者的其他生理指标全面好转。这在伍亿芳的研究中，并非个案，很多对减脂充满期待的朋友都在伍亿芳的帮助下获益良多。

在环球夫人的平台上，伍亿芳希望将获得健康美丽的方法教授给更多的姐妹们。“今年，我有一个设想，想为参加环球夫人的选手们，举办七日健美训练营，让大家通过七天的科学训练，获得更加健康、更加美丽、更加自信的‘升级’体验。”

正如伍亿芳所言，“我是环球夫人，我更是千万中国女医师中的一位；我有责任和义务向全世界展示中国当代女医师的风采。”

为了更多的女性有机会在环球夫人的平台上发挥光和热，从 2020 年开始，伍亿芳成为环球夫人内蒙古赛区执行主席、中国赛区执行副主席，她正凝聚起更多有爱心、美丽和智慧的夫人们，“比肩同行”“比肩共荣”，向着更加美好的未来前行。

MRS.GLOBE
环球夫人

优雅、漂亮、干练的张雪佳，在京城的建筑圈里小有名气；而当她获得环球夫人中国区总决赛季军的时候，这个圈子的朋友们再次惊呆了。

见到她的人，总会不自觉地产生一种想法：“这女人真好命，要么有人很宠她，要么就是生来富贵。”其实不然，张雪佳拥有的光环都是她吃过苦、努力学习、拼搏得来的。

若有真情藏在心，岁月从不败美人。

MRS.GLOBE

精彩生活　从“心”开始

张雪佳

生当如夏花
绚烂如朝阳

张雪佳于 20 世纪 60 年代出生在河北承德一个并不富裕的农村家庭，家里有 4 个兄弟姐妹，她是老幺。在那个年代，她比所有小伙伴们幸运的是，家里一直供她读完中专。

中专毕业后，张雪佳在当地拥有了一份稳定的工作，继而结婚生子。然而，从小就表现出众的张雪佳，越来越不满足于彼时的家庭生活，在她的心中还有更大的梦想。“那时候，家里的物质条件并不宽裕，农村的收入是很有限的，随着孩子出生，需要花钱的地方越来越多，我和老公商量后决定辞职，到北京闯一闯。”在孩子两岁多的时候，上有老、下有小的张雪佳和老公怀揣着从农村信用社贷来的“本钱”，心怀梦想，开始了“北漂”生活。

在北京立足并非易事。那时候，北京市到处都是工地，张雪佳一面学一面干，终于在建筑工地找到了机会，做成了人生的第一笔生意。这单生意让张雪佳太高兴了，因为这一笔赚的钱超过她之前任何工作一个月的工资。万事开头难，慢慢摸清“套路”后，收建材、卖建材就成为张雪佳的主营业务，由于勤奋守信、吃苦耐劳，张雪佳很快就把自己的业务做到了“周周都有”。

赚到了第一笔钱的张雪佳，最先“投资”了一台汉显 BP 机，为的就是自己的业务能够继续拓展；紧接着，第二笔、第三笔……小有积蓄的张雪佳给婆婆买了人人羡慕的金首饰，还很快买了手机，她的业务渐渐在老乡中小有名气。

做建材生意是非常辛苦的，但是张雪佳并不觉得苦，“能赚到钱，能改善家里人的生活，从没看过天气预报，没休息日，我就觉得每天都有用不完的力气。”可能真的有 “苦难守恒定律”吧，据说，一个人吃过的苦，都会以另一种方式得到回报。

张雪佳因为天生体弱，所以从小就爱宅在家里。久而久之，看书也就成了她最大的爱好。那时候，她人生最渴望的事情是有饭吃、有书读。“小时候，家里还没有电灯，晚上看书是一种奢侈，但爸爸还是会想办法来帮我照明。”尽管家庭条件不好，张雪佳还是读书读到了中专毕业。她深知知识是改变命运的强大动力，所以只要一有机会，张雪佳就会给自己“充电”。

建材生意的竞争是相当激烈的，面对诸多困难诸多挑战，张雪佳把自己的生意也做得多样化了。从建材采购、构件定制到项目分包，张雪佳的生意越做越大。张雪佳坦言，之所以自己能够在这个领域中脱颖而出，就是因为自己还读过几年书，跟同行相比自己看得更远些。那时候，张雪佳给自己起了个一直用到今天的网名："夏花"。

实际上使得张雪佳受益的是她的学习和钻研精神，不会的就虚心求教，不懂的就查阅资料。"我可能不是专业的，但我一定能找到专业的人来教我、帮我完成项目。"她认真执着并骄傲地说，"跟我合作过的人从没有说我不好的。"当然，因为事业的快速发展，张雪佳也意识到了系统学习的重要性。她不断地进修学习，目的不是为了学历，而是为了学点用得上的真东西，让自己能够看得更远、飞得更高。

"夏花"在知识的雨露下，越发娇艳动人。

女子虽弱
为母则强

如今的张雪佳早已有房有车，财务自由，但是不管她有钱没钱，孩子的成长过程不可复制，因此她决心致力于做个好妈妈。

当初来北京的时候，大儿子还不到 3 岁，未知的生活让张雪佳和丈夫决定不把孩子带在身边，只好把儿子留在家里由婆婆照顾。然而，从来就没有分开过的母子，彼此的思念牵挂可想而知。张雪佳咬咬牙，“不挣到钱，不回家”。孩子成为她拼搏的原动力。一个半月后，她回到老家，“孩子奶奶蹲着在灶台烧火，儿子倚靠着奶奶站在边上，小脸黑一块白一块跟小花猫似的。”张雪佳哽咽着对儿子说：“宝贝，妈妈回来了。”孩子听见妈妈叫他时，愣了几秒钟，然后，直接扑进妈妈怀里，死命地黏着妈妈。

在母子短暂的几天团圆中，张雪佳看到儿子过马路差点被汽车撞到，她吓坏了。这个场景时常出现在张雪佳的脑海里，这坚定了她的下一个目标，就是把孩子接到北京，一家人再也不分开。不久之后，张雪佳就实现了这个目标，“尽管生活那时候还很艰辛，但一家人在一起感觉比蜜甜。”

2004 年，张雪佳在北京买了第一套房，她觉得全家人终于安稳下来了。随着经济条件的好转，张雪佳和丈夫又生了一个儿子，四口之家成为老乡们羡慕的对象。

然而，随着时间的推移，这个家庭本该获得的幸福有了一些变化。怀孕时，张雪佳把所有的生意交给丈夫打理，自己则安心养胎，生完孩子后，她发现公司的生意每况愈下，丈夫则经常不归，而两人的话题也越来越少……重重压力让张雪佳患上了产后抑郁焦虑症，夫妻间的疏离也让冷战持续了5年之久。这段时间，张雪佳尽管痛苦，却异常坚强，她知道孩子需要她、家庭需要她、企业需要她。她内心的痛楚无法与任何人说："我坚决不说家里的事情，因为我知道一旦说起自己就会陷入痛苦的深渊不能自拔，我只能把这些深深地压在心底。"

在最为艰难的时刻，张雪佳依旧一面努力调整状态，一面照顾两个孩子。在孩子面前她始终是温柔贤良的母亲。"我尽力坚持每天给孩子们做饭，我要让孩子们感受到母亲的气息，因为那是他们会一生回味的美食，会让他们记住妈妈的味道。"

无论自己的内心有多么纠结，只要见到孩子就闪耀出所有母性的责任和光辉。她说："孩子一定要在妈妈身边，孩子如果不在妈妈身边他是不幸福的。哪怕妈妈生气了，教训了孩子，气过后孩子也依旧会觉得他幸福，因为他知道妈妈是爱自己的，为了自己好。"

张雪佳常常劝诫已为人母的女性朋友，无论在哪里、做什么工作，都要把孩子带在身边。"因为孩子的世界没有别人，父母就是他们的全世界。"

2018 22nd MRS. GLOBE
环球夫人中国总决赛季军

“经”在心中 人在舞台

当张雪佳困顿于自己的婚姻情感不能释怀的时候，她接触了正在修复中的《清敕修大藏经》（《乾隆大藏经》），这让张雪佳沉寂的心灵再次涌动出新生的力量。一股暖流汹涌而来，荡涤阴霾，让张雪佳的天空变得清朗。

《清敕修大藏经》的刻板工程从清朝雍正时期的 1733 年发起，到乾隆时期的 1738 年刻完，它是把中国的佛学文化的经、律、论刻在 79,036 块木板上。从清朝到现在的近 300 年的时间里，印制的内容广为流传。张雪佳说：“《清敕修大藏经》是一个百科全书，包括天文、地理、医学等，它来自生活，让人知足，让人懂得放下。我把它理解为另一种文化自信，它让我透过表象，看到了生活和生命的真实。”

据了解，《清敕修大藏经》修复项目是 2009 年开始启动的，是经北京市文物局批准的文物保护项目。北京邦普制版印刷有限公司作为这个项目的执行团队，为了能够较为完美地展现出《清敕修大藏经》的原貌，公司在中国社会科学院、清华大学、佛教协会、国家图书馆等项目组专家的指导下，先后走访北京、山西、苏州、沈阳、广东、重庆、福建等地的藏经机构，运用现代技术手段收集、比对缺失内容，并重新手工雕版、印刷、线装，最终经专家鉴定新印全本《清敕修大藏经》基本恢复到乾隆初印本的原貌。

张雪佳介绍说，《清敕修大藏经》凝聚着我国劳动人民的智慧和才干，是包罗万象的百科全书。她回忆起自己走进经板库的那一刻。“莫名的感动从心底涌起，仿佛满身沾满疲惫的泥浆的人沐浴在清泉之中，仿佛常年生活在雾霾中的人拨开云雾呼吸到了新鲜空气。我倍感轻松。”《大藏经》修复工程让张雪佳感到庄严而神圣，对经文的了解又让张雪佳感到从未有过的欣喜与自由。自此之后，张雪佳逢人便说《清敕修大藏经》，拉着朋友们去感受修复中的《清敕修大藏经》，越来越多的朋友因为她认识了《清敕修大藏经》，并因此而获得不同的教益。

遇见《清敕修大藏经》后的张雪佳重新认识了自我的价值，找到了生命的意义，回首过往，她重新定义了很多以前认为割舍不掉的东西。如今的张雪佳虽是历经世事沧桑，脸上却不见风霜。她非常积极地去传播《清敕修大藏经》，因为《清敕修大藏经》让人知道感恩、知足，懂得辩证地看世界，给人以勇气和力量。

“我感恩生活，感恩我接触过的每个人。我不相信这个世界上有坏人，哪怕他是小偷，他可能在迫不得已的时候偷了东西，我要用我所有的善良去面对这个世界，用大爱感动着身边的人，这个世界也一定会善意地对我。”如今的张雪佳对生活满怀感恩和善意。

2018 年，张雪佳结识了环球夫人大赛，这时候她已经能够以积极的心态面对自己、面对生活，她告诉自己要活得精彩，尽管自己生活遭遇了挫折，但她还是要努力成为善和美的使者。

在分赛区的角逐中，张雪佳以其精彩的表现一举夺得了季军，这个结果，让张雪佳既欣喜又意外。而走下舞台，那些一同绽放的夫人们都成了亲密的姐妹，张雪佳说，她从其他夫人身上学到很多，也通过环球夫人的平台提升了很多很多。参赛过程中，她感觉状态也越来越好，每天都在进步和变化。

成为环球夫人让张雪佳变得更加自信。于是她又参加了环球夫人的中国区总决赛，并一路高歌，获得了全国季军的好成绩。重要的是一路走来，让她更加清醒地认识自己，更加坚定地相信自己，也更加积极地拥抱未来。

走上环球夫人舞台的张雪佳，发现了更加绚丽多姿的世界，在那个世界有很多与她志同道合的姐妹：有的虽至暮年，却依然对生活充满激情；有的身体残疾，却依然自强不息；有的正经历着人生的剧痛，却依然要与命运抗争……她和她们都已明白，心中有爱就有无穷的力量，心中有爱就是最美的夫人。

2018 22nd MRS. GLOBE
环球夫人中国
赛 季军

2019 23rd MRS.GLOBE
环球夫人中国总决赛冠军

MRS.GLOBE
环球夫人

“冠军属于舞台。大气恢宏的灯光，气势磅礴的音乐，极具张力的服装，超现实风格的妆容，所有团队光芒积聚的能量，造就了我今晚的光华，更是蒙受了主席和评委的厚爱和认同，获得冠军荣誉！感谢！”谈及获得第23届环球夫人大赛中国区总冠军那天的感受，毛俊瑛的肺腑之言淡定而大气。

从参赛选手之一到全国总冠军再到杭州赛区执行主席，出身书香世家的毛俊瑛，始终致力于将女性的大美和大爱展示给世界。

对于荣誉，她珍惜却不过多留恋，对于眼下和未来的每一件事情，她始终保持初心，并竭尽全力。

MRS.GLOBE

冠军夫人的多面人生

毛俊瑛

夫人的皇冠

“欲戴皇冠必承其重，并且只有自身持续地付出和努力，才可以让皇冠始终熠熠生辉。”对毛俊瑛来说，获得环球夫人的冠军是一场精彩比赛的结束，也是打造一个高端正面积极女性圈层的开始，但绝不是一个只用来炫耀的荣誉。或许只有真正经历过大赛的夫人们才知道大奖有多来之不易。

为了在舞台上惊艳的5分钟，毛俊瑛和夫人们进行了13天的高强度集训。“我10个脚指头都是麻的，比赛结束1个月都没恢复，差点以为要截肢了。”话虽有一丝丝调侃意味，但实际上单就穿高跟鞋走秀这一项，就让毛俊瑛吃尽了苦头。但她扛下来了。她说：“我努力就是要尊重舞台，尊重训练我的导师，还有让自己的时间更有价值，必须力争完美。”

在参加环球夫人大赛之前，毛俊瑛在周围人眼里既是对工作亲力亲为的“毛总”，也是温柔爱美的“毛毛”，这样两个截然不同的形象常常引来朋友们的疑问，但对毛俊瑛来说，这只不过是她的两个不同侧面而已。

在生活中，她唯美、浪漫、顽皮可爱，喜欢旅行和烹饪，喜欢小动物，也喜欢看美景、品美味；在工作中，她认真、严谨，计划性和执行力都很强，有魄力和决断力，能做到自我反省，知人善用。

“女人就要像钻石一样多面才更闪耀。不能说做企业就要把自己做成不修边幅的女人；也不能说追求时尚美丽，就要整天飘在天上不接地气。我们既能在天上飘，也能在地上走。人生就是既要有务虚的资本，又要有务实的能力，一方面思想富足创造价值，一方面不失追求女性唯美的性情，所以忙碌之余我就去参加比赛了。”

毛俊瑛的这番剖白也可作为所有兼具“夫人”与“职场女性”双重身份的女性宣言。在她看来，独立、财富自由，又爱美、懂得生活，也正是杭州赛区“夫人”们的显著共性。

“独立女性也是双刃剑，或多或少会影响到家庭，在事业、家庭出现分歧的时候，很多女性希望有一场秀可以唤起自己的少女情怀，回归女性的天分，或温婉清甜，或时尚火辣；也想唤起家人对自己的关注。这也是环球夫人舞台可以给女性的展示机会。”

毛俊瑛对这个舞台倍加珍视，“我非常享受这个舞台，只是体验这个舞台，就已经非常开心了。”她要做的首先是成就最好的自己，这是尊重舞台最直接的方式，而她也因此得到了其他人的尊重。

在参加环球夫人全球大赛之前，毛俊瑛再次经历了严格的培训。她在这个过程中所展示出的专注和认真令国际教练称赞不已。“我对舞台是很敬畏的。”这种认真劲让教练看到了她身上的大气和霸气，也让她成为中国选手在国际舞台的“形象代言人”。

环球夫人舞台上展示的女性之美不仅仅是单纯的女性外在形象，更聚焦于其由内而外散发的气质，以及时间和阅历赋予她们骨子里的大气。

中国区的冠军要走上全球大赛，需要各种素质，包括学习经历、国际交流经历、简单的外语能力，甚至不怯场的大气、霸气等个人特质。而毛俊瑛的综合实力突出，让她成为参加全球大赛的最佳人选。最终，毛俊瑛在全球大赛中，面对来自 60 多个国家的冠军选手高举五星红旗出场，一路展示着中国夫人的魅力，获得全球 15 强的好成绩。

在自己光芒绽放后，毛俊瑛立足杭州赛区，开始为更多“夫人”提供更大、更丰富的舞台。

厚重的底色

除了授予冠军奖项，承接杭州赛区则是环球夫人大赛组委会对毛俊瑛的另一重肯定。“没有你做不到的，肯定行。”环球夫人大赛全球执行主席李昀轩对毛俊瑛非常看好。因为毛俊瑛全程顺利走完3个赛段，愈发成熟优秀；也因为她本人骨子里透出来的“以做事为先、不计较利益”的负责态度。毛俊瑛在思考后也欣然接受了这个“新任务”。既有七窍玲珑心又敢做敢拼的她果然没有让大家失望，2020年，杭州赛区堪称环球夫人大赛全国四十多个赛区中的“最美赛区”。

荷叶、水珠、三潭印月……毛俊瑛不但将“天青色等烟雨”的江南意境在赛场上重现，作为一名服装设计师，她也让中国元素在夫人们身上完美演绎，呈现出“千枝桃蕊万般美”的女性之美，与中华传统文化之美交相辉映，真可谓“却下水晶帘，玲珑望秋月”。在深圳世界之窗，杭州赛区的图片一度作为范例现场展示，不只舞美别具一格，在毛俊瑛认真负责的态度感染下，爱美且独立的杭州夫人们，也接过了她的接力棒，在全国总决赛中大放异彩。

当然，作为分赛区掌门人，并不是单纯设计好舞美这么简单的。选手的好成绩背后，离不开有力的组织和练习。毛俊瑛为此付出了巨大的精力，不但亲自参与，还到处去找赞助，在费用不够时，甚至自己掏腰包贴补。“不能辜负组委会对我的信任，希望自己能够在帮助女性实现价值的道路上尽一份自己的力量和贡献！”

同样的情形还出现在她的生意场上，“现在我发单已经超过我接单的价钱了，但是我不会因为亏钱了，就把质量打折扣，照样是要保质保量如期交货给客户的。”

毛俊瑛认为，做生意还是要做长远，要对得起自己的内心，“哪怕价格不合适未来接不了，但接下来的就要不惜代价认真做。”也因此，她在生意场上收获了很多忠实的合作伙伴和客户的长期支持。

毛俊瑛在事业上经历了常人没有遇到过的波折，这也使她的胆魄非比寻常。她曾经因为工作需要去柬埔寨任职，那时才大学毕业不久，全凭一腔孤勇和对自己未来的有序规划。没想到，她经历了一次惊心动魄的死里逃生。那次经历使她得到历练，变得强大。毛俊瑛还写下了一篇 12 页的记录，保存至今，其内容描述清晰，文字中不忘感激老百姓的搭救之恩。

但一个十字路口接着就来了，留下，还是回国？当时柬埔寨形势动荡，继续留下生死未卜，很多来自中国的管理人员都决定回国。毛俊瑛考虑再三，最后在当时马来西亚籍老板的诚恳挽留下没有回国，留在了柬埔寨参与工厂灾后重组管理。“当时灾后重建急需有经验的管理者。”她表示，因为这个国家当时非常危险，危难之际能够留下来的人都得到了特别的重用，而且“忠诚”的标签无疑也牢牢贴在了这个年轻的姑娘身上。毛俊瑛不仅管理团队，还兼任老板的秘书，也是唯一一个参加马来西亚公司高层会议的中国管理人员，她因此学到了很多上市公司的管理理念。

2008 年，当毛俊瑛决定自己创业做外贸生意时，这些曾经的经历和资源，都让她受益良多。

回归初心

踏实、负责、真诚、乐观……这些美好品质帮助毛俊瑛在生意场上如虎添翼，这与她的家庭环境和从小接受的教育密切相关。她的外公曾在浙大任教，与二十世纪书坛泰斗沙孟海同室共事。这样的外公对子女的教育必然格外尽心，“那时候我妈妈每天都要练字，不练好就要跪在门后，一炷香烧完才能起来。”毛俊瑛出生后虽然没有经历这样严格的教育，但外公在书法绘画上的天赋还是遗传到了她的血液里，当然，同时传承的还有做事情的认真与坚持，“我妈到现在都保持这个习惯，每天早晨起来就练字两个小时，雷打不动。”

所以对毛俊瑛来说，把自己的事情做好的信念是从小就接受的教育，绘画书法带来的审美熏陶也塑造着她。

一个非常明显的细节是她对中式美学的喜爱，这从环球夫人大赛中她选择的服饰、舞美设计上就可见一斑，她加入了很多故宫元素，她表示：“中国的文化底蕴十分深厚，艺术宝藏可以无限挖掘。中国传统美学，色彩纹样及精湛的工艺，让我痴迷。中华民族的智慧真的给我们后人留下了珍贵的财富，现在祖国强大，正是向全世界展示中华文化的时候！”

这种对中式美学的痴迷不只体现在比赛上，也体现在她自己的事业上。不久前，毛俊瑛成立了自己的国风服装品牌。“我做这个品牌是基于对国风的热爱和痴迷，一切灵感的迸现只在瞬间。想做这件事的愿望一直藏在我的潜意识中，所以当需要开发一个新的国风品牌时，我内心蕴含的强大的信息量汇聚在一起，瞬间就有了灵感。”说起新品牌的立意，毛俊瑛文思泉涌，她在品牌中融入了蔚为大观，山是仁者，水是智者，在山水中参禅悟道，于自然界中体会“物我两忘”的处世境界。“不焦躁不激越不过度不压抑，自然界一切都有安排，我们需要的是心神专注。”这样的品牌设计才能真正体现多彩美好、平和谦逊、豁达大度、智慧仁爱、和谐共荣等源远流长的中华文明理念，也只有这样才能成为体现国风雅韵、被国人喜欢、生生不息的国风家居服饰品牌。

自 2008 年至今，一直从事对外贸易的毛俊瑛，始终不忘初心，一步步靠近自己成为服装设计师的梦想，这也是她大学时期在获得服装设计大奖之后，站在那个舞台上给自己定下的目标，而如今的舞台正是为自己所理解的国风美学找到了一个最恰当的载体，正所谓不忘初心，砥砺前行。

毛俊瑛的另一个初心则是慈善事业。

在毛俊瑛的理解里，环球夫人作为以“慈善、公益”为核心的品牌项目，参赛的夫人们要始终践行公益初心，用实际行动帮助更多需要帮助的人，热衷于公益事业的脚步不会停歇，让爱的正能量一直传递下去。

当然，她也是冲在前面的践行者之一。

作为一个有强烈责任感的人，毛俊瑛常常能在对别人的帮助中，找到自己的社会价值。“我参加乳腺癌基金会，以字画拍卖等形式向尘肺病人捐赠、向养老院捐赠、向贫困地区的童装捐赠及向红十字的捐助，等等。”但她最关心的还是老人这一群体，有一次跟李昀轩主席一起去照看老人，她看到失能、孤独的老人时哭了很久，“老人真的太需要关心了，我甚至想过，自驾全国各地，看看哪个角落有被忽视了的老人，尽自己的一点点力量。”

类似这样的活动，毛俊瑛参加了很多，她还多次捐助乳腺癌基金会，但留下的照片和影像资料却很少。她总觉得慈善是一件无愧于心的事情，没必要昭告天下，但是环球夫人的理念告诉她，做公益时要记录宣扬，这样才能感召更多的人参与到公益事业中来，她改变了自己之前执拗的想法。

一边是以事业实现梦想，一边是以慈善回馈社会，这两条路都是她回归初心后所做的选择。它们背后有着共同的意义——为女性发声，她希望女性朋友们一起努力，通过自己的成长和发光减少社会对女性的偏见，让家庭更和谐，让社会更美好。

永不让人失望的冠军

“做生意，我一定不会让客户失望；参加环球夫人，我也不会让支持我的朋友们失望；组织杭州赛区的赛事，我更不会让组委会和李主席失望……我就是要做一个不让别人失望的女人。”毛俊瑛说。

“做不让别人失望的女人”其实并不容易，这个标准虽然抽象却要求很高，它其实是尊重内心，是不让自己失望的进阶层次。为了这个目标，毛俊瑛显然付出了比一般人更多的努力。

这几年做服装外贸生意的日子并不好过。即便如此，毛俊瑛还是坚持按合同执行。她所秉持的理念就是宁可自己亏本，也绝不让客户失望。

毛俊瑛经营的企业每年能够持续稳定，正是基于14年来，公司在创造价值：她的公司拥有30多项迪斯尼图案授权，还有客户对公司产品的认可，更有对毛俊瑛本人人品的肯定。

十多年的商海沉浮，锻造了她豁达的心胸。她说：“过去十多年，我们是在这个行业里挣了钱，才发展起来的。现在是特殊时期，我们为行业做一点牺牲、做一点贡献也是应该的。”

年满18岁的儿子从小到大很少称呼毛俊瑛妈妈，而是直接叫她的小名，对此毛俊瑛乐意接受，她和儿子之间犹如朋友般亲密，连儿子叛逆期也是如此，这成了儿子的同学羡慕的母子关系。在儿子的心中，妈妈是无所不能的存在，是“坚强、果敢，勇于挑战”的冠军妈妈。

三代人相互影响，言传、身教，用自己的行动表明：“世界上并不存在绝境，唯有乐观自信，与时俱进，才能得到更大的收获。”

在毛俊瑛手里，文化的美在传承，教育的善在传承，人性的真也在传承。她作为一个从冠军宝座上走下来的优秀女性，始终保持着对生命的热情和期望，相信唯有努力不会被辜负。获得了 2019 年环球夫人大赛中国总决赛冠军、世界总决赛 15 强的毛俊瑛，而今将打造一个高端正面积极的女性圈层作为自己的使命。

“感谢环球夫人这个平台，美轮美奂的舞台、冠军和皇冠赋予我们的能量，我们在闪亮瞬间之后还得持续努力，才可以让荣誉熠熠生辉。”在毛俊瑛看来，能够持久致力于一项事业的动力不是利益而是责任，做生意如此，做环球夫人亦是如此。

MRS.GLOBE
环球夫人

“黑夜给了我黑色的眼睛，我却用它去寻找光明。”龚力力就是这样一位追逐光明、播撒光明的白衣天使。

她曾无数次为重拾光明的患者热泪盈眶，也曾几十年如一日地跟自己较劲，把一名眼科医生对完美的追求和以病人为本的理念刻进骨子里。但很多人不知道，在精益求精的工作之外，她也热衷于公益事业，也曾是学校的文艺骨干，更是一位极具女性魅力的“环球夫人”。

MRS.GLOBE

对生命全力以赴是一种本能

龚力力

走向更大的世界

龚力力一直都是一个知道自己要什么的人。赶上恢复高考第一年，她被一所师范院校的物理系录取，这样多少人求之不得的机会，她却几乎没有犹豫就放弃了，一是因为这不是自己喜欢的专业，二是她觉得自己能做到更好。

事实证明，她的选择是正确的。第二年，她如愿考上了医学院。

“我选择学医还要感谢我的继父，他是某企业卫生所的医生，常常救治左邻右舍的亲友们，我自幼受他影响热爱医务工作，那时我心里就有一个小目标，就是要成为一个比他更优秀的医生。”当然，那时的龚力力还不清楚，自己之所以向往医生这个职业，是因为她的心中聚集着济世大爱，这种大爱让她在学医的道路上翻山越岭、乘风破浪。成为好医生这个最初的梦想，如此单纯、直接却又炙热，对她来说，一个年少时的坚定选择，足以支撑一份奋斗终生的事业。

毕业后的龚力力被分配到贵阳市第四人民医院，那是实打实的铁饭碗。对龚力力来说，那段时光是她“停不下”的人生中为数不多的“清闲”日子，那几年，她完成了结婚生子的大事，学会了如何经营自己的家庭，甚至学会了织毛衣，“一个夜班下来，我可以织一个袖子或者一只裤腿。”

这样的生活持续了五年，心底的不满足一直在不停滋长，龚力力终于在第六年等来了去眼科进修的机会，“就像进入了新的世界，那种感觉完全不一样。”

新的眼界、新的技术给了龚力力极大的震动，她深深地意识到，过去五年自己荒废了太多，她真正的眼科之路在这里才开始起航。

龚力力不仅接触到最新的技术、设备和更优秀的医生，也开始重新审视自己的人生，“待了一年，再回到落后的环境里，感觉一眼就看到了退休后的生活，我是心有不甘的，当时真的非常彷徨和无助。”

救命稻草很快就来了。经人介绍，龚力力去了一个美国公司面试。这个来自美国的眼科医疗集团，落地成都，诚挚邀请她加入。龚力力下定决心：去！一定要从原来的舒适区里走出来。

龚力力立刻给远在北京医科大进修的丈夫写了信件，希望得到他的理解和支持。“那个年代，通信不发达也有不发达的好处，还没有等到回信，我就向医院提交了留职停薪报告。”更让她庆幸的是，不仅是丈夫，全家人都非常支持她的决定，于是她坚定地放下了铁饭碗，真正重新出发。

办护照、办签证……仅仅一个月，她就坐上了飞往美国的飞机。对只身赴美的龚力力来说，要克服的困难很多，如果说语言不通的问题还能依靠翻译解决，那么远离家人、孩子的生活可谓倍受煎熬。听说孩子半夜醒了找妈妈，龚力力没有任何办法，只能更加努力地学习、练习，争取早日学成回国。从贵阳到四川，从四川到美国，龚力力这一路，循着自己做一名好医生的理想，逐渐向外，走向了更大的世界。

从“走钢丝”到一鸣惊人

身处海外的龚力力在经过几个月的高强度学习之后，终于在墨西哥完成了自己的第一例手术。这次手术尽管还有一点细节称不上完美，但效果非常好，患者在术后第一天就达到了 0.6 的视力。当时的导师给了龚力力非常大的鼓励，这也给了她回国继续摸索医术的信心。

“那时候国内连教科书都还没有，没有人教，我相当于第一个吃螃蟹的人。”要做这个人并不容易，就连设备、工具、器件都是国外带回来的。再加上在成都的龚力力和远在贵阳的家人分隔两地，那时交通还不像现在这样方便，和家人难得相见。

“生活和工作都像在走钢丝，每天都紧绷着神经”，龚力力这样形容那段时间的艰难。她每天希望病人多，又怕病人多。希望病人多是有机会多做；怕病人多是不管来的病人是什么样的，简单的疑难的都得做，“以我刚刚开始做手术的水平，疑难的手术很容易做出并发症，甚至下不来手术台。”但那时候医院里并没有人能够帮她，一切都得自己来，超出常人的工作强度和心理压力一起向她袭来。偏偏病人又非常多，常常是一个月一个月地排队，对医院来说，必须尽快培养更多的医生来满足这些病人的需求。因此，龚力力在自己手术之余，还必须抽出时间带学生、带新人，“整个医院的白内障医生都是我带起来的，我带了几十个出来。”

这样高强度、处处充满挑战的经历被称为走钢丝毫不为过，更何况，眼科手术本就相当于蛋上雕花，容不得一丝一毫的错处。但也正因如此，龚力力的技术和心态都得到了极大的锻炼和提升。“那时候准备工作加术中操作，做一台手术差不多要一个小时，现在只需要10分钟，有时候在门诊就做了。”与那时相比，现在白内障乳化手术已经成熟百倍，让她感慨万千。

有了理论沉淀，又有了技术积累，龚力力作为国内白内障乳化技术的执火种者，不但在患者中小有名气，也得到了业界的关注。

1994年，龚力力受美国白内障屈光学会的邀请，前往圣地亚哥参加学术会议，圣地亚哥市市长亲手为她写了一封表扬信，并由大会主席在大会上当场念出。“现在奖状和这封信我都还留着”。对龚力力来说，这不仅是表彰她在应用超声乳化小切口门诊手术摘取白内障方面获得的成就，更是表彰她为人口最多的发展中国家众多白内障患者送去了光明的公益之心。

1995年4月，她又被美国白内障屈光手术协会授予《ASCRS》特别荣誉奖，成为发展中国家较早走上国际领奖台的眼科医生之一。

这只是龚力力在学术界声名鹊起的开始。1997年，龚力力参加国内的学术会议，已经和眼科界的院士同台。她以播放录像带的形式汇报了自己掌握的先进技术，一下子吸引了全场的目光，“大家都对这个技术非常关注和热衷，甚至想买录像带。”也因为在这场会议上崭露头角，30岁出头的龚力力有机会得到了当时中华医学会副主委、白内障学组组长何守志的帮助，次年，她本人领导、主创、策划、手术演示的《白内障超声乳化吸除人工晶体植入术》VCD大型视听教材光盘在中华医学音像出版社发行，中英文双语配音，供国内外交流，同时被《中华眼科杂志》推荐为眼科医生的继续教育教材。

“这也是我人生中非常值得纪念的一个得意作品。”她回忆道。

我们总说，成功离不开贵人相助，但贵人往往只助该助之人。是龚力力自身的优秀和对极致完美的追求，让她获得了出国进修的机会，也获得了导师的认可和前辈的赏识。就像何守志教授一听说她要出版教材就满口答应，不但字斟句酌地帮她改稿，还提出了非常多宝贵的建议，更将录像力推到中华医学音像出版社，让这套教材得以顺利出版，并获得了意料之外的影响力。

培养和提携后辈的龚力力，也正是抱着这样淳朴的赤诚之心，看着一个又一个的年轻医生成长起来。龚力力也一步步走上了管理岗位，从中心主任到院长，再到 CEO……迄今为止，她所在企业已累计成功完成 300 万例白内障手术。龚力力和她的同事们付出了艰辛的努力。

美爱同行，矢志不渝

就在不久前，80 多岁的贵州师范大学中文系退休老教授颜迈的手术由龚力力亲自操刀。这次手术，让颜迈教授兴奋不已——不仅治好了他的白内障，还一并治愈了他 1000 多度的高度近视。

这位出版过 4 部专著、主编过 5 部著作、参编过 11 部著作、发表论文 80 余篇、获省部级奖 6 次、享受国务院特殊津贴的老教授再也不用戴着高度近视镜在灯下摸索伏案笔耕了。甩掉眼镜的颜迈教授欣然为龚力力写下了“仁心重器，此心光明”的感谢语。

为了给年轻人更多的机会，现在的龚力力维持着每周坐两次门诊、上一天手术的频率，保证自己始终在一线。但与 20 年前相比，她还是有了更多的时间活出自己在工作以外的精彩。

环球夫人大赛就是在这时候来到了她的生命中。

2019 年，因摔伤右脚骨折的龚力力正在家休息，就接到朋友发来的环球夫人大赛的资料，“你一定要去参加这个比赛，已婚女性、要有爱心、要有奉献、要有成功的背景，等等，这些条件简直都是为你量身打造的，你特别合适！”朋友热情地建议龚力力参赛。

工作太忙没时间、脚伤刚好不适合穿着高跟鞋走秀……一大堆原因在向后拽着她，但想到或许可以更好地帮公司做宣传，她还是半推半就地同意了，“还是想为社会做点事嘛。”当时，龚力力并没想到，这个决定，不但让她成为企业的“代言人”，还成为贵阳的代表，更让她完成了对自己的超越。

性格决定了她的做事风格，尽管有种种顾虑，但一旦准备参赛，龚力力还是非常认真地投入了。没料到，几个环节下来，她在贵州省的比赛中一举夺魁。这一下，真的要走向全国的赛场了。但全国大赛并不是这场比赛的终点，在全国大赛上把“最具魅力夫人奖”收入囊中后，龚力力一鼓作气，踏上了全球大赛的舞台，荣获“西亚夫人”。

赛前，为了取得更好的表现，她忍着还没完全恢复的脚伤开始了艰苦的训练。龚力力是有文艺天赋的，小学、中学时期，她就参加了校文艺宣传队。中学时，他们的宣传队不但在贵阳小有名气，还筹备了不少去外地的演出，堪称业余选手里的专业演员。大学时，被老师意外“发掘”的龚力力又因为在校文艺演出中的一曲《敦煌彩塑》独舞轰动全校，甚至还和饰演过领导人的演员古月与唐国强同台演出过，古月称赞她“应当去做专业的舞蹈演员”。

一连几场的环球夫人大赛，让龚力力重拾了这段快乐的童年和青少年时光，以及为了当医生而放弃的文艺之路。“现在我的办公室里就挂着参加环球夫人比赛的大照片，哪个女性不追求美？但除了单纯的美以外，还要追求真善美，追求有价值的美，追求对人的影响力。”

可以说，龚力力的一生就是这么做的。作为一个有文艺天赋的女孩，她为了实现当医生的梦想果断离开了文艺之路；作为一名给无数人带去光明的医生，她在机会来临时也没有辜负自己的文艺天分。

这一路走来唯一不变的是，她始终坚持着自己对待世界的态度：内心坚定、外表柔软，医生的专业与温暖在她这里展现得淋漓尽致，以至于二十几年来，无数的病人将她放在心里，正如她将病人放在心里一样。

不只如此，“热衷公益”也是龚力力身上撕不去的标签，做眼科义诊、探望孤寡老人等也是她一直在做的事情。而环球夫人大赛不仅要选拔“美丽夫人”，更注重传递女性真善美的正能量，通过活动的开展来推动公益慈善事业的发展，在全社会掀起一股大爱风潮——关心妇女权益，积极组织社会公益活动，为孤寡老人、残疾儿童等弱势群体带去帮助和关爱。

回溯龚力力的成长历程，作为重组家庭里四个孩子中的老大，她是典型的“穷人的孩子早当家”，从小培养的使命感和责任感，让坚韧成为她生命的底色；但开明的家庭环境又让她能够自由地追寻自己的梦想，为自己的人生负责，所以当遇到挫折时，乐观、不怨天尤人、全力以赴地面对是她的本能选择。

这或许正是“环球夫人”应该展示的美丽与担当。

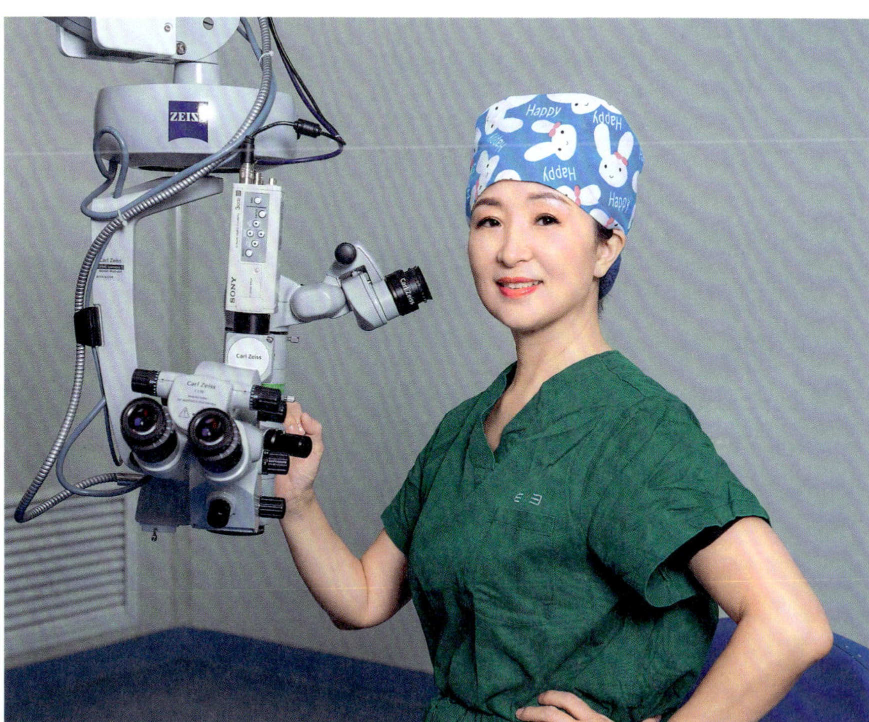

人间至美是光明

不是在手术台上，就是在奔向手术台的路上。30 年来，这已经成为龚力力的工作常态。从恢复高考后的第二届大学生到将白内障超声乳化手术最早引入中国的专家，龚力力的成长与整个时代的变革紧紧地联系在了一起。

身为长女的龚力力从小就比别的孩子更加懂事，对于家庭有着很强的使命感和责任心，家庭境遇和社会经历让她更加懂得感恩，更加明白要用宽广的胸怀去面对生活中的诸多不如意，也因此使她成为一位不惧困难且积极乐观的勇士。

很多人认为无法完成的挑战，在龚力力面前都是一次次成长的机会。当然，能够克服困难，少不了艰辛的付出。比如说，舍弃了被大多数人羡慕不已的稳定工作；比如说，抛下孩子和爱人，独自远赴大洋彼岸学习先进技术；再比如说，在同行的质疑声中，为 109 岁的老人做白内障手术……

手上刀，稳、准、狠；心中念，真、善、美。细致与完美是龚力力永不止步的追求，她常说，我的职业不允许失败，要成功就必须精益求精。

很多人难以想象这位做手术的技术狂人、持柳叶刀的外科大夫竟然是一位不折不扣的艺术家——舞蹈与手术的反差确实有些大，但她所追求的目标是一致的，那就是最大限度地趋近完美。

有多少患者因为龚力力和她传播的技术重获光明，已经难以计算。除了亲自教授的学生外，20 多年前，她的教学书籍和影像资料已经成功出版，成为诸多眼科手术大夫的实战教材。时至今日，手术的设备更新了、材料优化了，但这一手术的原理和基础技术还沿用至今。龚力力说过去一天只能做七八台手术，现在 10 分钟就能做一台，日新月异的技术让她感到高兴，因为更多的人能够因此而重获健康。

“当前‘健康中国’的进程不断提速，我们也在谋求着更大的发展。”龚力力说，“我和我的同事们希望能够为更多人提供从生到老的全生命周期的眼健康服务。”

OF THE GLOBE

MRS.GLOBE
环球夫人

2006 年冬，英国伯明翰机场外，百位华人华侨和中国留学生挥动着手中的五星红旗，迎接中国国家领导人的到访。他们欢呼着，那是对祖国的爱，那是身为华人心中的自信。人群中，正在英国留学，不满 20 岁的英蔼雯心潮澎湃，她的家国观被刷新，开始重新思考作为中国人该有的选择与担当。

时间的齿轮不断转动，在往后的岁月里，英蔼雯始终不忘初心，砥砺前行。如今，那位在机场高声呐喊的女孩已逐步成长为自己期望的样子，为祖国妇女儿童事业的发展贡献力量。

如果你不了解她，一组文字可以简单勾勒出她的职业轨迹：企业创始人、投资人、香港五邑青年总会会董、江门市五邑妇女海内外联谊会名誉会长、2019 年环球夫人大赛全球总冠军、环球夫人大赛深圳赛区执行副主席。

“传承中华民族乐于助人的传统美德，用实际行动支持和帮助更多女性和她们的家庭，同时为家乡发展赋能，我会始终为之奋斗。”英蔼雯的话，正是力量十足的宣言。从一名大学生到母婴领域崭露头角的企业家，直至走上国际舞台展示女性风采和魅力，为弱势群体争取权益的公益之路，这条路，英蔼雯已经走了十多年。在这个过程中，她曾碰壁、跌倒，但她始终不曾放弃，越走越远……

温柔通透　光而不耀

英蔼雯

MRS.GLOBE

在“积善之家”长大，形成主动施与的意识

20世纪80年代末，英蔼雯出生在香港一个商人家庭，父母在当地经营电线生产企业，她与家族企业共同成长、进步，当她长大成人时，家族企业也逐步发展为当地电线生产领域的优秀企业，业务遍布全球，勤奋的父母也成为业内有口皆碑的企业家。

家是最小国，国是千万家，积善之家，必有余庆。“施比受更有福，做人不能忘本，要懂得奉献。”这是英蔼雯从小经常在父母口中听到的一席话，正因如此，她从小便深知“先学做人，再学做事”的道理。

“奶奶常跟我分享太爷爷的故事，太爷爷当年从江门去到香港后，帮助一大批从家乡到港的亲人朋友安定下来，彰显了一份担当，一份爱。这让在英国殖民统治时期的香港成长起来的我越发重视自己中国人的身份，同时对家乡的认知逐步清晰了起来。”回忆中，英蔼雯颇有感慨。

在英蔼雯6岁那年，她第一次回到了她的家乡江门，在村落里，她第一次看到妇女背着婴儿也要在农田里劳作，看到小孩赤脚在泥地上玩耍，晚上没电要点油灯……小蔼雯幼小的心灵被深深触动。

回乡经历让英蔼雯明白幸福不是必然的，她开始有了主动施与的意识。“那次以后，我每次收到新衣服新玩具时，都会攒下来，让父亲回乡时把东西带给村里的小孩们。”英蔼雯说道。

穷则独善其身，达则兼济天下。从小到大，英蔼雯看到父母一次又一次利用自身影响力，为同行、乡亲等群体争取权益，造福了一个又一个家庭，用实际行动引领家人学会“向善”。

年岁渐长，在父母的影响下，英蔼雯越发坚信有能力帮助别人是自己最大的福气，这也为她日后走上公益舞台，打下了坚实的精神基础。

己欲立而立人，投身母婴事业，造福广大家庭

2014年，已从英国留学归来，并在深圳打拼数年，正处于事业发展上升期的英蔼雯怀孕了，经历了有惊无险的孕早期不良反应后，长期醉心于工作的她对生命、对生活有了更多思考。“我意识到自身角色的转变，作为一名母亲要为另一个崭新的生命负责，这是一份神圣的责任。”英蔼雯如此确定。

尤其在看到近代著名思想家、江门历史名人梁启超所著的400多封家书合集后，英蔼雯受到了更多触动，“好的父母是育人先育己”，从而开始对家庭和早期教育产生浓厚兴趣。

怀孕期间，英蔼雯并没有停止学习的脚步，先后学习研究了中国、欧美、日本等多个体系的胎教和分娩课程，有效应用到自己的孕娩过程中，收获满满。

为了分享自己的收获，让更多女性拥有美好的孕娩体验，英蔼雯在儿子出生8个月后，创立了母婴公司，邀请多位中外孕娩名家，共同打造专业服务体系，提供科学、高质量的孕娩和早期教育服务。

孕娩事业，是一份关乎母婴健康的事业，英蔼雯深知责任之重。公司成立后，她积极参与国内外业界的重大会议和学术论坛，坚持学习、不断探索；曾连续两年受邀到全国各地、美国及日本以孕期健康及早期教育为主题召开大型讲座，为营造“生育友好”的社会氛围贡献了重要力量。

多元发展，精准布局。随着孕娩事业的蒸蒸日上，英蔼雯希望进一步延伸服

务群体。为此，她投资了托育机构，并在 2021 年被评为北京托育示范服务单位及首批通过备案的专业托育品牌，为 0~3 岁婴幼儿提供托育服务业务，同时开设了母婴护理师、育婴师、早教教师等专业人才的系统培训及资格考证业务。

打铁还需自身硬，作为企业的掌舵者，英蔼雯除了承担好管理工作，也始终没有放弃自身的专业提升。创业期间，她先后获得美国催眠分娩师、国际生育教育讲师、分娩导乐师等行业资格认证，同时也是国家开放大学的生育教育与分娩陪伴师证书课程的讲师，成为员工和客户的榜样。

作为一名新时代女性，英蔼雯初心不改，正以打造当代母婴行业新生态为己任，带领企业团队破浪前行。

激情满满，坚信女性必须独立自强

如果只看外表，英蔼雯给人的第一印象是端庄、文静，但实则她的内心激情满满，还带点倔强，例如她喜欢有挑战性的运动，如冲浪、滑雪等。在她看来，这些运动能让她保持极度专注，并觉察内心的变化，更重要的是，能不断实现身体和精神上的突破。又例如，在英国留学的 10 年里，她先后担任学生会等学生组织的重要干部，并屡获嘉许，是各类学生社交和学术活动的常客，体现了较强的综合能力。

也许正是个性使然，英蔼雯始终坚信所有女性都该独立自强，不提倡为了丈夫和孩子完全牺牲个人事业。“新时代赋予了女性更多可能，它给了现代女性更多的行为自由和梦想空间，也在世人的认知里，融进了不一样的观点。女性所发挥的作用越来越大，优秀的女干部、女企业家等越来越多，从决策到建设等领域都有女性的身影，我认为这是社会进步的重要体现。” 英蔼雯坚定地说。

有人说，世上最美好的婚姻，是夫妻相互成就。一直以来，英蔼雯都觉得自己很幸运，因为她的丈夫给予她足够的支持和信任，常鼓励她保持学习，支持她通过努力实现家庭以外的个人价值。“因此在儿子出生 8 个月后，我的丈夫就支持我去创业，假如没有他，就没有我的事业。”英蔼雯不禁感慨，“可能因为我们都是留学生吧，出国前就十分明确要努力学习，学成归来后为祖国做贡献，因而彼此间一直很有默契。”

说起丈夫，英蔼雯透露，他创业至今已有十一年，去年，更是回到了自己的家乡发展，致力于提升乡亲父老的生活条件。“这意味着我们一年当中起码有一半时间无法见面，但我愿意无条件支持他，就像他当初支持我一样。”英蔼雯说。

鲁迅曾说，人生得一知己足矣，斯世当以同怀视之。英蔼雯和丈夫是夫妻，更是人生知己，他们志同道合，互相砥砺，互促成长。

摘环球夫人桂冠，温暖自己，照亮他人

作为一名新时代女性，英蔼雯拥有自己的事业和幸福的家庭，在此基础上，如何进一步实现自我突破，发挥自身“引力”和“热能”，影响更多人，为他们争取权益？英蔼雯一直在思考，也一直在行动。

2019 年，英蔼雯参加环球夫人大赛，一举荣获全球年度冠军并成为环球夫人亲善大使。“回想起来，除了自身信念，还有一个人对我决定参赛起到了关键作用——环球夫人大赛全球执行副主席、深圳赛区执行主席邢小红。还记得深圳赛区新闻发布会当天，邢主席带领一众环球夫人登场，她们魅力十足，活力无限，显然她们都活出了自己最美的样子。”邢主席坚定地说：“不要给自己设限，把自己活成一束光，既能温暖自己，又能照亮他人。”那一刻，邢小红的一席话深深地刻在了英蔼雯的心中。也是在那一刻，英蔼雯决定参赛。而这个决定，也成了她人生的重要转折点。随后，英蔼雯在短短 3 个月时间里经历了深圳赛、全国赛以及全球赛三轮大赛的洗礼，最终成功登顶全球年度冠军。

环球夫人大赛在中国有几十个赛区，关注度越来越高，对于比赛的意义，英蔼雯有较深的思考。“容貌再出众，也会随着时间的流逝而发生变化，而一个人灵魂的光和美是永远不会褪色的，还会在后续的磨砺中变得更加出众。”经过大赛洗礼，英蔼雯更深刻地领悟到，女性是社会发展中不可替代的温情力量，她们能照亮生活和未来，是一束束温暖的光。

英蔼雯参赛的收获还有很多。尤其是在全球大赛过程中，她跟世界各国夫人深入交流，她得知非洲夫人们为打击贩卖妇女儿童行为不断努力、法国夫人勇敢为当地困难儿童发声、菲律宾夫人为当地单亲妈妈争取合理权益……她们都希望能通过环球夫人这个极具国际影响力的平台提升自己的影响力，从而帮助更多弱势群体。

环球夫人们来自教育、医疗、艺术等各个领域，大赛正是提供了一个能促进她们友好交流、增强凝聚力的综合平台。“大赛后，除了经营好自身事业，我和夫人们保持密切联系，开始踏上服务社会的公益之路。”英蔼雯说。

自2020年起，英蔼雯担任环球夫人深圳赛区执行副主席，为越来越多的女性走上世界舞台提供了帮助和服务，并牵头策划一系列社会公益活动，每一次活动，她都倾注大量心血，换来不同的感动和收获。“记得我们曾带领自闭症儿童外出写生，不善言辞的他们用画作表达自己，可以感受到，每一幅画都是他们跟世界说的悄悄话！其中一位孩子悄悄跟我说，她最喜欢画画，因为可以把不敢说的话都表达出来，她希望可以一直画，直到长大，直到老去，这样的愿望既纯真，又能打动人。”英蔼雯深情地回忆道。

环球夫人牵头邀请过不同的公益慈善团体到深圳做公益演出，她深刻记得，一位长年住在养老院的舞蹈家，在舞台上充满活力、翩翩起舞的瞬间，无论是舞蹈技巧、身体控制力等都让人无法相信她已经年过八十。“这位舞蹈家给市民和女性们所传递的价值观和正能量，意义之深刻胜于言表。”英蔼雯说。

参选环球夫人大赛并担任深圳赛区执行副主席，仅仅是英蔼雯公益之路的第一步，去年，她接受邀请，相继担任香港五邑青年总会会董、江门市五邑妇女海内外联谊会名誉会长，用更多实际行动支持和帮助家乡的女性和弱势群体。

拉近弱势群体和社会的距离，让他们感受自身价值

随着公益事业逐步走上正轨，女人、老人和儿童等弱势群体在英蔼雯生活中所占的比重越来越大，对于公益事业的未来发展，英蔼雯有自己的见解。

“扶贫必扶智，治贫先治愚”，英蔼雯对此十分认同。“不少人认为公益活动就是简单的捐款或探访，但其实我们可以做得更多。”她说。

英蔼雯特别提到了她在英国留学时的见闻。“我在当地参加过不少社区公益活动，当地社区爱心人士会联同社会公益组织一起策划，在保障弱势群体人员人身安全的基础上，让他们走出社区，接触各种各样的社会实践，参与社会活动，去学习，去开阔眼界，甚至引导他们发挥自身特长为社会作贡献，从而感觉自身价值，感受被尊重的目光。”英蔼雯说。

未来，英蔼雯希望通过公益活动拉近弱势群体和社会的距离，点燃他们的生活热情，让更多人看到，年老了还可以追求梦想，身体残疾也可以照亮彼此，切实提升整个社会的幸福感。

生长在香港，在英国留学 10 年，毕业后在深圳定居，有过不同地域的生活经历后，英蔼雯十分明确，祖国才是最适合她的港湾，“中国人”是她最引以为傲的身份。英蔼雯说：“粤港澳大湾区的蓬勃发展让我感受到祖国的强大，深圳在粤港澳大湾区的规划下，正不断创新经济发展和人才交流模式，我相信，未来数年，深圳的国际竞争力将进一步提升，我们中国女性能赶上这样的时代，无疑是幸运的。”

好风凭借力，扬帆正当时。这个时代给予了女性恣意绽放，为社会创造价值的舞台，未来，相信英蔼雯将继续用她的坚韧和魄力，展现新时代职业女性巾帼不让须眉的风采，用涓涓柔情润泽善良，助更多女性和弱势群体脱胎换骨，助孩子茁壮成长，拥抱属于她和他们“最好的时代”。

MRS.GLOBE
环球夫人

江云霞与珠宝结缘年份久矣。“没有哪个女人不爱珠宝，我也不例外。”江云霞说。

而将珠宝作为自己美丽的事业，她也已经奋斗了近十个年头。五彩云霞留在人间便是绚丽的宝石，在江云霞的心中她或许就是为珠宝而生的，也必将为珠宝事业坚守一生。

说起珠宝，她有说不完的话儿，欣喜之情溢于言表。这份让她坚守的事业，缘于爱。

MRS.GLOBE

云蒸霞蔚天姿色　水阔流深江漪澜

江云霞

华为十年，一生难忘

江云霞的经历并不复杂，大学毕业后，即幸运地被赫赫有名的华为录取，并派往海外市场部。这一干就是十年。在这十年里，她遇到了自己的先生，并拥有了一个聪明可爱的女儿；在这十年里，她几乎走遍了南美洲的各个国家，在华为奋斗着，从职场小白一步步做到华为高级管理层。在这十年里，她看过世界，走过繁华，她负责的客户群直接对接各个拉美国家的政府高层，被委内瑞拉总统邀请坐总统专机去做电视报道，陪着老板任正非与世界富豪Carlos Slim商务会谈。她娴熟地切换着西班牙语、英语，与世界各地的客户朋友们聊天谈判。时光没有辜负每一份努力，这十年的每一天，都为江云霞的人生打下了厚厚的基础。

时间来到了2014年，当时的江云霞拥有着不止百万的年薪，为人妻为人母，本应该过起悠然自得的小日子。但她的内心总是蠢蠢欲动，总想去开启一份属于自己的事业，一份与美丽相关的事业。而拉美丰富的宝石矿产资源和耀眼迷人珠宝的吸引，是每一个女人都抗拒不了的。于是，她的高端珠宝品牌应运而生。这个以自己女儿英文名字命名的珠宝品牌，既是她送给女儿的礼物，也是她用爱与美凝结而成的事业。

她对于这个品牌的寄语就是“ForLove ForEver ”“由爱出发，为爱永恒”。江云霞希望自己创作的每一件珠宝都是美的化身，爱的传承，如天使一般，将无限美丽和美好带到你身边。

每个女人都应该
有一件属于自己的珠宝

徜徉于江云霞的珠宝工作室，宛如进入了一个小型的珠宝博物馆。在这个精致的博物馆里你不仅可以欣赏到高级别的钻石、红宝石、蓝宝石、祖母绿等名贵宝石，还能够看到它们矿石的原生样貌与后期设计加工的精致工艺。一件件奢华的首饰，在珠宝柜中闪耀着迷人的光芒，格外动人。

江云霞介绍说，他们的理念是 M to M，即 From Mine To Market，从矿区到市场直接打通，“我在海外工作生活了那么多年，我们有丰富的矿区合作资源，省去了所有的宝石流通和溢价环节，使得我们的珠宝非常接近于成本，性价比非常高，那就使得普通老百姓买得起，甚至能用一个金银饰品的价格，拥有一件真正的珠宝。”

江云霞一面说着一面拿出她在海外矿井下挑选宝石的照片。下矿井这事儿既危险又辛苦，没有多少人愿意到矿场去做生意，江云霞却说，被华为千锤百炼过的人，这点辛苦不算什么，她看重的是与矿主直接交易，能够拿到一手资源，“这样才能将最大的优惠让利给消费者。”

说到珠宝对于女人的意义，江云霞说：“每个女人都应该拥有一件属于自己的珠宝。每一颗宝石都是地球母亲送给我们的礼物，独一无二且精美绝伦，最终它能够翻越万水千山，经过千磨万炼与你相遇，一切都是注定的缘分。而每一件珠宝的诞生都是基于订购者和我们制作者的一种感情在里面。比如我自己，在孩子一岁生日的时候，先生花不菲的价格从南非订购了一颗大钻石送给我。我相信，不管经历怎样的风雨，这个美好将陪伴我一生，甚至传递给我们的女儿。”

其实每件珠宝背后都有一个故事，都定格着一个重要的时刻。在人生重要的节点，我们会选择用一件珠宝去纪念它，这一天就永远不会被忘记。天地之爱，夫妻之爱，朋友之爱，长辈对孩子的爱，晚辈对父母的爱……珠宝凝聚着爱与被爱，凝聚着价值与传承。

说起在诸多宝石中，什么最让江云霞心动，她斩钉截铁地说：“祖母绿”。这种原产于哥伦比亚的绿色宝石，从看到它的第一眼起，就俘获了每个人的心，祖母绿的美，让人心跳加速。那种透彻的绿，蕴含着生命的朝气，显示着心灵的纯净，也代表着坚不可摧的永恒……“实际上在数千年前，祖母绿就成为贵族们的特宠。”今天，在江云霞的努力下，“旧时王谢堂前燕，飞入寻常百姓家”。

一次在公开场合中，江云霞佩戴的一套别致的珠宝引起了很多人的好奇，她给这套作品命名为“盖茨比之光”：绿色，是生机勃勃的生命之色，正如《了不起的盖茨比》中象征无限憧憬且不懈追寻的那束绿色之光，是希望，是无限的未来。不仅如此，这套作品还暗藏玄机：项链特别隐藏可拆卸结构，主石和流苏部分可以轻松取下，呈现更为简洁的胸针佩戴，风格百变。可盐可甜，可收藏可佩戴。奢华与率性，时刻都在碰撞，或许正是江云霞的本色。

拥有着诸多珠宝的江云霞，最为珍爱的却是一枚小小的胸针。这件珠宝的设计师正是她的女儿 Angie Bella。有一天，江云霞加班回家，女儿神秘地告诉她有礼物要送给她。只见一张心形的纸片上，女儿用彩笔描绘出了美丽的颜色，还用纸带做了一个指环，套在了母亲的手指上。那一刻，江云霞被不到 6 岁的女儿感动得热泪盈眶。

第二天，她便带着这个设计原稿，与工作室的设计师讨论，如何将它制作成一件真正的珠宝。几经商榷，戒指变成了胸针，烧珐琅的底色上密镶钻石，一颗心形的红珊瑚赫然其上，黑金珐琅烧制的“I love U Mum”是女儿稚嫩的手写体，一枚永恒而意义特别的珠宝艺术品诞生了。

每当有人问起江云霞，最爱的珠宝首饰是哪一件的时候，她总是骄傲地向人们讲述这个小故事。“喜爱这件首饰并不是因为它有多么昂贵，而是因为它就是挚爱之人的挚爱之心。”

当然，江云霞和自己的伙伴们，也帮助着越来越多的人实现心愿——为心爱之人创作一件独一无二的珠宝首饰。在她的团队中，不仅有深谙西方珠宝造型的设计师，还有钟情于中式珠宝的设计师。可以说，她的工作室有强大的人才资源，而且珠宝设计风格中西兼容。

我爱妈妈

以珠宝为鉴
方可知真亦可知美

以珠宝为事业，最重要的就是两点：一是真，二是美。这两点珍贵的品质在江云霞身上体现得淋漓尽致。

她之所以能够成为诸多矿主的合作伙伴，因为她真。她真诚地对待每一位合作伙伴，在贸易中坚守诚信。十多年来，她与矿主们彼此信任，这才使得她能够以较低的成本获取到珍贵的宝石资源。“数千万的压货成本，压力是非常大的，好在我的合作伙伴们对我有足够的信任，才使得我这里常有新品流转。”江云霞并没有夸大自己的实力，而正是因为她的这份真诚才使得在这里消费的姐妹们更加安心。保真，当然也是珠宝在激烈的市场竞争中得以生存的前提条件。

除了宝石本身的高品质之外，能够赢得高端消费者的青睐，具有高超的审美水准也是必不可少的。“每种宝石都有自己独特的美感，我们要做的是根据定制者的特点和宝石本身的个性，做到相得益彰、锦上添花，而不是画蛇添足。”江云霞说。

在设计方面，江云霞做了很多大胆的尝试。比如她设计开发的童趣系列，或憨态可掬，或可爱玲珑。有代表海之精灵的小海豚，还有叫作“有钳（钱）任性（横着走）”的螃蟹，还有甜甜蜜蜜的甜品系列。在传统文化的衍生方面，江云霞创作了“海上生明月”“一片冰心在玉壶”“福禄寿”等作品。她还在制作工艺上有所创新，比如宝石里面套嵌宝石，比如“吊胆”……

其中一件祖母绿宝石首饰让江云霞自己最为得意。“裸石是一件硕大的祖母绿大珠子，非常难得。”江云霞就用了孔雀开屏的理念把它做出来，用花丝吊胆的工艺，尽可能地展示出宝石之美。“展出来当天，就被人收藏了。”很多这种稀世大宝贝，她也不做什么官方宣传，基本上就在圈里拍一个照片就被藏家们收走了。还有矿上收回来的宝石原石，为了不破坏它们的原生态之美，她就用被称为“燕京八绝”的花丝镶嵌工艺将宝石“装进”宝匣。江云霞说，这个设计理念是受到故宫展出的清宫鎏金香盒的启发。这又是一件被收藏者们交相称赞的得意之作。

在诸多作品中，还有一套以江云霞的名字命名的硕大珠宝“云蒸霞蔚”。这套作品用多彩水晶欧泊的幻彩生动地捕捉了霞光的绚丽，有白云点缀的天空，有太阳的万丈光芒，整件作品犹如彩霞渲染的天空，更恰似江云霞的人生——绚丽多彩，气象万千。

中国的环球夫人
要让东方之美走向世界

2019年江云霞获得环球夫人澳门冠军的荣誉，她说自己通过参加环球夫人，接触了更多优秀的女性，从中国赛区出类拔萃的各级选手，到全球赛区不同地域不同文化但同样魅力四射的女性，每个人身上都有闪闪发光的亮点。“特别是环球夫人创始人Tracy Kemble女士，全球执行主席李昀轩女士，她们都是非常了不起的女性，都是自身拥有巨大能量和能力，又拥有大爱和人生大格局的伟大女性。”

与卓越的人同行，让江云霞看到了自身的不足和进步的空间。“不断修炼自己的品格，做坚强、温柔、美丽、智慧的女性，才配得上‘环球夫人’的名号。”

作为美爱同行、美孝同行的环球夫人，她说她有更大的责任和使命，践行和传播真善美，激励更多新时代的新女性，活出像珠宝一样闪闪发光的人生。

从小我到大我，作为知识分子的江云霞关注我们国家和社会的发展进步。2021年是全国的“十四五”规划的第一年，也是开启全面建设社会主义现代化国家新征程的第一年。这意味着什么？江云霞认为，全国人民正在向共同富裕迈进，我们开始追求更高的生活质量，更高的生活品质，更高的精神享受。珠宝的财富属性，不但是生活质量提升的标志，更是向着更高生活品质迈进的一个非常有效的方法。高端定制珠宝，无与伦比的美，可以丰富和提升我们的精神世界。

江云霞经常挂在嘴边的一句话是：“踏踏实实做好每一件事情，认认真真做好每一件产品，真诚地服务好每一个客户，每天向前一小步，每天都在进步。”

能够用一生投入一个事业是幸福的。“真正的宝石不会埋没于尘土之下，她的光彩一定会照亮世界，而我所要做的就是去除多余的部分，再以适合的金属相衬，将它最美丽的一面展示给世人。”这也许就是一件看似平淡无奇的宝石，能够在江云霞的手中幻化成传世佳作的原因。江云霞说：“珠宝是我一生的职业，我不用退休，我可以越来越有价值，越来越专业，一直做到我做不动的那一天；如果可能，我希望我的女儿也可以以此为乐，并把它发扬光大，走向世界。”

“择一事，终一生，不为繁华易匠心”是她始终秉持着的信念。

2019 23rd MRS.GLOBE
环球夫人中国总决赛民选冠军

MRS.GLOBE
环球夫人

“环球夫人就是通过提升已婚女性以及母亲的素养，来给孩子一个正确的指引，从而提升人类整体的综合素养，环球夫人就是在做这样一份伟大的事业，而我很荣幸能参与其中，共同见证。”站在环球夫人全国总决赛的舞台上，作为第24届环球夫人大赛中国区副主席、第23届环球夫人大赛中国总决赛民选冠军、全球总决赛大中华区冠军的屠琼箫如是说。

言如所行，屠琼箫正在发挥自己的能量，致力于让我们的生活变得更美好的事业中。

MRS.GLOBE

独乐乐不如众乐乐

屠琼箫

在分享事业中显现人文关怀

很难想象，屠琼箫的创业是从自己做妈妈以后开始的。也正是因为自己成功“晋级”成为宝妈，她才拥有了一份属于自己的创业故事。

师范大学毕业后的屠琼箫，排除万难以优异的成绩考取了杭州教育局的事业编制，成为一名老师。那时，能够将自己在艺术上的造诣传授给孩子们，对于她来说是最大的快乐。

爱艺术，也爱孩子，屠琼箫在工作中体会到了无穷的乐趣，她在教师的岗位上一干就是好几年。直到她结婚、怀孕，那时候，她意识到好好备孕的重要性，进而学习如何更好地照顾好孩子和这个正在不断壮大的家。

通过专业知识的学习，屠琼箫发现不少女性对于自然分娩的科学知识都不甚了解，很多妈妈在怀孕和生产过程中走了不少弯路，还有的在产后月子以及哺乳期遭了不少罪。“这不仅不利于妈妈们的身心健康，对于新生儿和家庭来说都是一种潜在的风险。”屠琼箫在享受专业服务的同时，也深深地感受到应该将先进的理念、知识和服务分享给更多的育龄女性。

为了实现这个想法，屠琼箫系统了解了母婴一站式服务的全部内容，投资了家公司并负责公司的各项运营。在不断的努力下，公司的业务体系和形态不断完善，她将线下业务拓展到与政府、医院等部门合作开展孕产服务的系统培训和早期教育培训。“到目前为止，我们的线下实体都运转得非常良好，我们也正在借鉴线上业务拓展的模式，进一步拓宽我们的事业平台。”

两年时间，当母婴业务逐步步入正轨之后，在屠琼箫参加环球夫人大赛之前，她被新的使命召唤——要让更多的人变得更美更自信，同时也出于对社交新零售模式的好奇，她再次创业，而与此同时她即将再次迎来一个可爱的宝宝。创业、参赛、怀孕对于一个女性来说哪一件都是不小的事情，而在屠琼箫身上则能同时进行……

为什么把自己“逼”得这么紧？她说，其实所有的事情都是水到渠成，自然而成的，也因为喜欢，所以乐在其中。“我喜欢去实践新的理念、尝试新生事物，通过不断学习提升自己。”屠琼箫始终保持一颗好学的心，她说只有向外兼容提高认知，才能有接纳新事物的能力。通过社交新零售，了解到当下最新的模式和发展趋势，将极简护肤理念推广出去，将大健康平台搭建起来，从而让更多的人因此而受益，正是屠琼箫的出发点。

而令人更为惊讶的是，无论做什么，屠琼箫总是能够做得很出色。当然，她确实很忙，比如在这次书稿采访的前一分钟，她还在线上跟自己的团队开会……而屠琼箫已经习惯了这种快节奏的工作、生活与相应的角色转换。“做个出色的女性，不仅要是超人，还必须是变形金刚。”屠琼箫诙谐地说。

在勇担责任中变得更加强大

屠琼箫为什么这么出色？这与她的成长经历不无关系。

屠琼箫出生于温州，上高中时便到杭州求学。“90 后”的屠琼箫，从小便接受了良好的教育，因为自己对艺术的喜爱，爸妈便为她创造了非常优越的学习环境。“我小时候学乐器、学绘画、学舞蹈，并不像有些孩子那样是家长逼着学的，我是自己想要学。”屠琼箫说道。

小时候，在妈妈朋友家里玩，她听到别的小朋友正在演奏古筝，悦耳动听的旋律让小琼箫久久沉浸其中。她停下脚步直到把曲子听完，然后她告诉妈妈：“我要学这个乐器。”妈妈对她说：“学习一门乐器是很辛苦的，想要学好可不像你想的那么容易；如果你确定要去学，那妈妈就帮你报名。”屠琼箫说，在她的记忆中，妈妈总是会为她分析并告知她从事一件事情的多种可能，而最终会把选择权交给女儿。“我从小就比较善于选择和决断，而且确定要去做的事情，遇到再多的困难我也会努力去克服。”

除了对于“任务”的理性评估，还有非常重要的一点，那就是“责任心”。在屠琼箫看来，她的原生家庭很棒，父母的兄弟姐妹不少，爸爸妈妈又分别是家中的长子长女，一大家子一直以来都是和和气气、相亲相爱，即使遇到困难，也都是彼此扶持共渡难关。从小到大在这样温暖且有担当的大家庭长大，给了琼箫充分的安全感和责任感。

那时候，屠琼箫从父母那里还学到了，一件事情要么不做，要做就要认认真真把它做好。追求完美的性格和超强的责任心，让屠琼箫无论在生活中还是在工作上都自带一种“完美属性”。正是在这种属性的磨炼下，她所获得的成果也总能令人满意。

除了超强的“责任心”外，屠琼箫身上还有一种不可多得的品质，那就是“专注”。她说自己并不会为事业和生活设定过于长远的目标。在她看来，无论是生活还是事业都是有阶段性的，“每个阶段都有每个阶段该做的事，把这个阶段的事情做好就好了。”“比如现阶段，我觉得应该以家庭为重吧。”屠琼箫说。

因为孩子还小，照顾两个孩子，陪伴他们健康、快乐地成长，在屠琼箫心里就是当下最为重要的事情。“生老大的时候，我是自己带的；有了老二之后，虽然请了阿姨，但很多事情我还是要亲自做的。”她说，“我觉得在孩子心中，没有谁能够代替妈妈；所以在他们面前，我可以把所有的事情都往后排。”

尽管屠琼箫这么说，但她在事业上取得的成绩也毫不逊色，一连成为几家企业的联合创始人，并推动新兴品牌走向市场。这并非易事。把好的产品分享给好朋友，与大家一起分享获得美好生活的喜悦，在做事业的同时还能够照顾家庭，对于屠琼箫来说，这就是最好的安排。

在理性思辨中做出最合适的选择

屠琼箫是个什么样的人，似乎很难用一种风格来界定。她擅长演奏古筝，而钢琴也达到专业 10 级水平；她能够驾驭舞蹈，在美术方面也很有造诣；她看似瘦瘦弱弱，体育成绩却门门满分；她热爱传统艺术，也不排斥西方的审美理念。

一方面，屠琼箫给人的感觉是中国古典美人的形象，温文尔雅而又蕙质兰心；另一方面，她又显示出干练飒爽的样子。她说自己的兼容性很强，似乎什么风格都能驾驭，这在舞台上也能看出，她把各种角色装扮演绎得都很到位。上大学时，作为交换生，屠琼箫在美国生活了一段时间，她能够很好地融入西方生活，但在骨子里对中国文化有着深深的眷恋。

当问起她有什么业余爱好时，屠琼箫回答："喝茶算吗？"

从屠琼箫的朋友圈里不难看出，她的业余生活也是多姿多彩的：旅游、育儿、唱歌、看剧、看展、弹琴、滑雪、下午茶、各种美食、好物分享……近几年她还喜欢上了喝工夫茶，对于茶她并不挑剔："白茶、岩茶、普洱……都可以。"在布茶的仪式中，慢慢感悟生命的轮回；在品茶的浓淡间，体悟着人间冷暖。"内心深处我还是很喜欢古典的东西。"似乎也只有古典的深邃能够与屠琼箫的内心产生共鸣，让她在繁忙的生活中找到真实的自己。静能生慧，或许也正是在这片刻的宁静中，屠琼箫能对自己的选择做出正确的判断。

比如婚姻，屠琼箫说，自己的先生是一个非常有责任心的人，而且能够给予她足够的安全感。“他曾是一名军人，自带满满的正义感，也特别能够照顾我和我们的家庭。”回忆起恋爱的经历，屠琼箫说，他俩是老乡，公公婆婆与自己的父母过去就认识，对于对方的家庭都相对了解。自己和先生还在一个幼儿园上过学。“幼儿园给你喂饭的阿姨也给你老公喂过饭。”熟悉的朋友会这样打趣道。“我觉得婚姻不仅仅是两个人的事，也是两个家庭的事。”屠琼箫说，“当然两个人彼此合适是最重要的，但两家人是否能够接受彼此也是非常要紧的事情。”她说在感情方面自己不是个“一见钟情型”的人，“比较慢热”，需要足够的相处才能够对自己的感情做出判断。而这一次，屠琼箫显然是坠入爱河了。他们俩彼此合适，双方的家庭也合适，一桩美满的姻缘自然水到渠成。

当然，彼此三观的一致和性格的互补才是两个人能够长久一起生活的基础。屠琼箫是一个非常注重仪式感的人，凡是重要的节日，她都会张罗着长辈和孩子们一起过，一顿精心准备的美食、一些带有氛围感的布置、一次说走就走的旅行……都能带来幸福的感觉，回忆起来都是甜蜜的。“每年我都会给孩子们拍一组写真，全家人也都会拍全家福。家人的生日，我也会比较重视。”屠琼箫说，自己的先生却不太重视这些。但在屠琼箫看来，庄重的仪式会让生活的点滴升华，让一家人更有向心力。“我是比较在乎当下感受的，生活需要仪式感，所有的节日都不是为了礼物，而是提醒我们不要忘了爱与被爱。”

在“环球夫人”中找到另一个自己

夫人的称谓，在屠琼箫看来略显厚重，所以在很长一段时间里，屠琼箫并没有考虑要参加环球夫人大赛。“环球夫人这个事儿算是我人生的一个真的很大的意外，因为我从来都没有想过要去参加这样的赛事，当时是我朋友报名参加的，而且那时候杭州赛区刚刚设立，我对这个赛事没怎么了解。”这位获得杭州赛区冠军、全国总决赛民选冠军的环球夫人如是说。

刚开始不愿意参赛的屠琼箫最后还是被这个赛事打动了。朋友参赛的热情和现场夫人们的拼搏精神，让屠琼箫感受到了不一样的人生体验。“到了赛前培训现场，你会看到比你年长的夫人们，比你还要认真、努力地面对比赛。”屠琼箫说，“她们知道自己或许并不能够拿到很好的名次，但她们依然非常用心地去做这件事，享受过程，这让我们很受感染。”

半决赛的时候，屠琼箫看到有几位夫人，穿上十几厘米的高跟鞋，略显吃力地走秀，而在她们的脸上却闪现出青春的神采。“参赛的绝大部分选手都是各行各业的成功人士，但这个舞台对于她们来说是陌生的，太不容易了。她们为什么还要这么拼搏呢？”看到这一幕的屠琼箫为之动容，她想了很多，那一刻感动的泪水奔涌而出。她告诉自己：“我必须要好好对待，不辜负每一次的出场，不辜负自己每一次的付出，也要让所有人感受到我对这个舞台的重视。”

自那以后，屠琼箫开始真正成了环球夫人大赛舞台的主人。“杭州赛区决赛、全国总决赛以及全球总决赛的时候，我都把家人请到现场，让他们一起见证我的精彩时刻。”

“那时候恰逢中华人民共和国成立 70 周年大庆，我就在舞台上唱了一首《我和我的祖国》，当时全场都沸腾了，而我知道，我的家人们也在台下，与我一同唱响这首歌，我的心中充满了力量。”屠琼箫略显兴奋地说道。

正式地进入到中国区总决赛的时候，屠琼箫整个状态都发生了变化。屠琼箫为遇到与自己同频的夫人们而感到庆幸，“我觉得优秀的人太多了，值得去学习的人太多了；因为到了中国区总决赛的时候，我看到的是全国各赛区的冠军云集，而且直到现在有几个夫人跟我的关系都特别好，都是在中国区总决赛的时候认识的。”

在总决赛的舞台上，屠琼箫把父母和孩子都带上了舞台，聚光灯下一家人的闪亮登场，让人们看到了优秀的人之所以优秀的根源。她说：“当时我的一个想法就是好的品质要一代一代传承下去；我的父母非常优秀，所以我希望我能够传承到他们的这些优良品质，然后教育好我的下一代。”

用心面对比赛的屠琼箫获得了大赛的桂冠。而她心里也更加认识到，夫人并不因年龄而受局限，越来越多年轻的夫人已经成为这个社会的主角，也承担着从社会到家庭更多的责任。后来，屠琼箫被环球大赛组委会委任为中国区副主席，当第 24 届环球夫人大赛开赛的时候，屠琼箫正好怀了二宝，她自信地走上舞台，向参赛选手们道出了自己的肺腑之言。她说：“下个月我就要迎来我们家的第二个宝宝了。感谢环球夫人的舞台让我成为更好的自己，成为更好的母亲。”

过去，屠琼箫觉得“夫人”这两个字跟自己没有太大的关系，但如今，她认为“不是的！”有很多的事情是要现在就去做的，“不是以后，而是当下。”屠琼箫说，“生命就是一个不断学习跟成长的过程，当我们吸收的养分越多，自然越能包容越能容易接纳一切。千万不要把自己关在固有的思维里，打开心门，突破自我，就会享受到人生不一样的风景。人生没有白走的路，当下走的每一步都算数。年轻的夫人们已经在时代的召唤中成长为家庭的脊梁、社会的支柱、民族的希望。”

在黄杨的众多特点里，刚柔并济最耐人寻味：一面，如钻石般坚韧、硬朗、闪耀；一面，如珍珠般温润、自然、柔和。

潇洒又优雅，稳妥又自信，是平和包裹着进取，是温度包裹着力度，尽管人生之路上有许许多多的意料之外，她却总能在生活与事业中完美平衡，带着强烈的责任感，清晰的自知与谦逊，用踏实的努力去抵达所渴望的通透……

MRS.GLOBE

从优而来，做刚柔并济的女性

黄 杨

一方水土
养一方人

黄杨，土生土长的武汉人。武汉有众多的名胜古迹，汉水在这里和长江汇合，龙王庙外，江汉泾渭分明，雄伟的长江大桥横跨于龟山和蛇山之间，还有油滋滋的烧烤，热辣辣的火锅，红通通的小龙虾，酱香的鸭脖……水与浪，烟火与江湖气，牢牢地嵌进她儿时的记忆里，也筑起了她爽直的个性。她说："我们是踏着大江大浪走过来的武汉人，我的家乡就是美丽的江城——武汉。"

对她而言，童年时代最珍贵且抹不去的回忆就是去江边散散步、捡捡贝壳或者在堤岸上慵懒地闲坐着。在那里，她可以尽情地享受独有的恬静和闲适，看着向下游汩汩奔涌的江水、倾听清脆的鸟鸣和风吹树叶的"沙沙"声。

幼时从湖边扎猛子到横渡长江，有些匪，有些飒，充分勇猛，足够乐观。她表示，红砖青瓦的老里份是历史留给她的武汉印记，满目高楼大厦林立是武汉发展的现状；而躺在竹床上，喝着二厂汽水的童年时光，是黄杨记忆里最深刻的美好……

除了滔滔江水，伴随黄杨儿时记忆的还有阵阵药香。小时候黄杨的外公和母亲都从事医药行业，母亲的药材公司前面是老式中医门诊部，她差不多就在那里长大，幼儿园放学、寒暑假、闲暇的时光基本都在那儿。"以前那种中药桂圆干，我妈妈同事他们总是塞给我满满的一荷包，每天都有零食吃，哈哈……"回忆起来，她不禁笑容满面。或许自小就被中医药草熏陶着，在别人闻起来略显苦涩的药味，对她来说却是一股别致的药香。

“我的名字就是一种中药材，有祛风除湿、理气止痛的功效。”她说，“古代文人雅士常以草木之性情喻人之品格，以草木之荣枯喻人之成败。如周敦颐冠‘出淤泥而不染’的莲花为‘花中君子’，而李渔则称守困厄而无怨的黄杨木为‘木中君子’，素有‘家有黄杨，福寿绵长’之美誉。无论是雀舌黄杨还是瓜子黄杨，都如谦谦君子，不争不抢，四季常青。这大概也是父母对我的美好希冀吧。”

从小学到初中，黄杨一直都是班长。每周母亲都会带她去学拉丁舞，她们骑车从武昌坐船到汉口，然后再转公交，去汉口的一个青少年宫学，每次路程两三个小时，但是她和母亲都坚持下来了。那时学校只要有任何的文艺演出，她都是作为压轴表演，可以说她自小就是一位品学兼优的“小名人”。

黄杨一直很优秀，或许是武汉江水的哺育，或许是药香的熏陶，一路走来，光芒闪耀。

生活的意义，是找到内心所爱

在平静的岁月里默默绽放，在美妙的年华里如诗如歌，带着武汉人骨子里的果敢和自信，大学毕业后的黄杨，感觉对数控方面不感兴趣，果断抛弃了大学船舶专业的知识积累，选择了她喜欢的医药工作，去妈妈朋友医药公司的中医诊所做行政管理，二十出头的她一步一步成为武汉著名中医院的行政院长。

或许幼时看着外公问诊，病人慢慢好转赠送锦旗给外公的真挚感激早已在她心中激起涟漪，“那时外公在我心中就像英雄一样，可以救死扶伤，我觉得非常棒，他的事业很有意义的。”她说。

再后来，一次偶然让她终于找到自己的热爱。那时她刚生产完不久，宝宝刚三个月大，咳嗽不止，第一次当妈妈的她手足无措，看着孩子那么痛苦的小脸，她想着要不要试试绿色疗法来治疗。于是她带着孩子尝试小儿推拿，那时家里的人都让她把孩子送到医院去打针，怕孩子可能得肺炎对肺部有影响。但是她坚持走中医方向，因为之前一直在中医诊所工作，所以她知道中医是可以从根本上改善人的体质的，于是她坚信自己的选择。

她说：“当时我顶着巨大压力，老公说我不把孩子当回事，气得要跟我闹离婚。但是其实孩子是我自己生的，我怎么不心疼呢？只是我心里有谱，我知道他咳嗽是一个排痰的过程，那个过程是把他的废气排出来，只有把他的废气排出来了孩子才能好，但是他们不理解。我妈妈也跟我闹，我爸爸也跟我闹，我就是一个人扛着全家人的压力坚持。还好，最后宝宝很快康复了。”

这次经历让她感受到小儿推拿的强大功效，她开始对此感兴趣，后来就去咨询他们中医诊所里的儿科老中医。他们表示，其实古往今来就有按小儿的穴位给孩子治病做保健的。得到老医生的肯定后，她在网上搜索家附近小儿推拿的学校，就报名了，最开始她报的是周末的妈妈班，每周末上两天课。后来学习了三个月，她开始觉得还需要更系统地学习，于是升级成了全天班。学习小儿推拿后，只要孩子生病，她都能够自己去解决，家人们也发现孩子只要有点小毛病，黄杨都可以把他治好，不用去医院，不用吃药，不用打针，孩子也少受折腾，慢慢地家里人也开始从反对到强力支持她去学习。

有时身边朋友的孩子生病了，往医院送，打针吃药，孩子晚上还是睡不好，着急中她们想到黄杨治好宝宝的经历，于是找到她，她都一一圆满地解决了。一段时间后，身边的朋友建议说：“还不如就在附近开一个门诊，大家的需求量还挺大的。”朋友的话给她提了个醒儿，另外刚好经过几年的学习，她也取得了高级小儿推拿师证。于是 2019 年 12 月，她便在家附近租了一个门面，创立了自己的公司，开业三个月就收到了五封感谢信和四面锦旗，这让她非常有成就感。

人这一生，看似在寻找很多东西，但最终不过是在寻找内心的热爱，幸运的是她找到了。哪怕仅仅是一件心中热爱着的小事，都让黄杨充满激情和动力地去工作。

有时，家人也会觉得她很辛苦，又要照顾自己的宝宝，还要去诊所忙碌来回奔波，但她却乐在其中，心甘情愿地去付出，这样能做热爱的事，让敢于热爱的她，闪耀着无法言喻的人格魅力。

做夜空中最亮的星

2020 年，这格外艰难的一年总算过去。经历过疫情的洗礼，现在黄杨的德佑童道派小儿推拿，以传播爱和公益为宗旨，每个月“初一”“十五”为公益日，可以为需要健康调理的宝宝免费提供养护调理服务。或许黄杨的美貌与才华并非独一无二，但那柔软又坚定的善意，却吸引了我们全部的目光。

当问到参加环球夫人的原因，黄杨说：“2019 年的夏天，在家带孩子的我，偶然间看到朋友发的一条关于环球夫人海南赛区的宣传，内心涌起一丝波澜，这不就是我需要的那个舞台吗？当年武汉也有赛区，但是我为了挑战自己，跳出舒适圈，还是决定去我谁也不认识的海南赛区。在三亚，有蓝天、白云、大海，我收获了许多，结识了新的朋友，得到优秀导师的指导，并且通过努力，最终荣获海南赛区冠军，这是一段宝贵的经历。”

她记得比赛时，导演说可以准备才艺，黄杨本来是准备自己独唱一首《夜空中最亮的星》，还准备了抒情的版本。后来去了之后导演建议说可以找 4 个人，来个不一样的摇滚版。但是这对于从未接触摇滚的黄杨来说是个不小的挑战，两天的时间，4 个女生就排了一首邓紫棋摇滚版的《夜空中最亮的星》，比赛那天技惊四座，也让她成功夺冠。

每个女人都有她自己最美丽的时刻。经历是一种沉淀，它会留下独特的魅力，夺冠后的黄杨，越来越从容自信，仿若有了新的、鲜活的生命力。后来各赛区夫人会聚北京参加中国区总决赛，黄杨的父母、老公带着孩子来现场给她加油，她也在决赛中成功获得“最美微笑夫人”的称号。

舞台下付出的努力和奋斗，使得黄杨在环球夫人的舞台上精彩地绽放。即使赛程早已落幕，但她用自己的经历充分诠释了女性独立与自我的态度，仍在为我们提供温柔而坚定的精神力量。

她说：“在我看来，我的妈妈就是一直很努力地做自己的事业，不安于现状的那种，一直很拼，所以我结婚之后也不想自己就做一个家庭主妇。”其实黄杨家庭条件非常优渥，明明可以不用拼搏，在家里相夫教子，就像有句话说的“明明可以靠颜值，偏偏靠才华”，她要通过自己的努力，不做一个“手心向上”的人。

当代女性是柔软而强大的，放眼望去，各行各业的女性都在各自的岗位上肩负责任，她们坚韧、勇敢、独立果敢，这些强烈的、理智自信的观念直击人心。就像黄杨，虽没有明星的光环，一路走来却总是自带光芒，我们已经可以预见她 30+ 人生的精彩新篇章。

MRS.GLOBE
环球夫人

每天打开朋友圈，都会看到张如慧夫人在视频号中出现。每天她都会出现在不同的地方、穿不同的衣裳，而不变的是她的微笑。她那暖暖的微笑在繁花间、在溪流边、在绿树下，也在每个关注她的朋友心间……

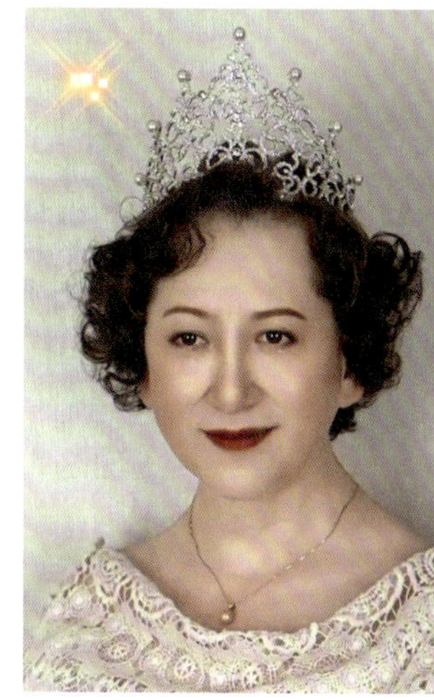

MRS.GLOBE

燃起生命火焰　绽放出更多的光和热

张如慧

每天拍发视频，是为了激励更多人

如果不是通过资料了解到张如慧夫人的真实年龄，很难想象这是一位年近 65 岁的老人。而她自己也说：“我不希望年岁稍大些，就像身边的一些老人一样在家养老了；我希望能够通过自己的行动带动更多的同龄人，在退休之后依然能够活出自我的精彩。”

当问及她为什么每天都发一个小视频时，她说，“现代人彼此距离远了，却因为新的通信工具能够时常见面。我每天的出现就像是一个问候，希望能给予朋友们力量与安慰。”

张如慧说，她带领着一个时装队，所以自己有一些镜头经验，又有一些服装可以更换，所以就通过这种方式来展示自我，并用这种方式告诉同龄人，不管年龄多大都可以把自己打扮得漂亮一点，可以有各种各样的方式来活好自己的余生。

“大部分视频都是我先生帮着拍摄的，他有摄影基础，所以摄像也不是问题；后期剪辑、配乐什么的都是我自己做的。”张如慧满脸笑意地说。在制作视频的过程中，张如慧也会时常遇到一些困难。“最麻烦的是没有人可以讨教，我身边像我这个年纪的朋友没有人会做这个。”张如慧说。每到这个时候，她就会上网查询，和先生一起尝试摸索，现在也越来越熟练了。

拍摄、制作倒还不是最难的，最难的是坚持。张如慧的朋友圈只向朋友开放了半年，翻阅这半年的记录，每一天她都会有 1 ～ 2 条视频发出。“我不在乎这些

视频有多少人点赞，我想只要我去做了，能够给看到的人带去一些美好的感受就足够了。”张如慧将自己的视频号命名为“活自己”，她说只要还能做，她就会一直发下去。“我也在一边做一边学，现在已经做得比刚开始时好多了。”张如慧一边说，一边露出满意的微笑。

悦己达人的恬淡生活

张如慧于 20 世纪 50 年代出生在上海市卢湾区的石库门里，是地地道道的上海人。她的父亲是一名中学教师，母亲是一名幼儿园职工，父母都与教育结缘，并且在基层岗位上工作了一辈子。

张如慧回忆起自己的童年和青少年时期，“相比现在，无疑是个物资匮乏的年代，但家中却从不缺少温情。盛夏时节，父亲会带着我去公园学习游泳，春秋时节，又会带着我去认识周围的一草一木……而母亲总是在家中做好热气腾腾又可口的饭菜等着我们。这样平静又温暖的生活基调，就贯穿于我人生的最初阶段。”父亲素来为人正直，以身作则，而母亲热情而善良，给身边的人带来温暖，因此也造就了张如慧真诚、宽容、友善、热心的个性。张如慧说她从小就喜欢在家门口复兴中路的梧桐树荫底下嬉戏，“看着阳光透过树叶，斑驳的树影洒到地上，听着淅淅沥沥的小雨打在树叶上但无法滴到地面，或许这也启迪了我的审美情趣和对大自然的热爱。”

小时候，张如慧是和父母、祖母，还有妹妹住在一起的。从张如慧记事开始，妈妈就从来没有跟祖母有过一次争吵，爸爸当然也很孝顺。家和万事兴，虽然不是大富大贵之家，但张如慧感到万分心安与幸福。“我们家常常被评为‘五好家庭’，成为邻居和同学们的榜样。”

张如慧说自己的父母都是普通人，没有很强的能力；但他们都很正直、很善良。母亲的包容和父亲的认真，在张如慧心中埋下了踏踏实实做人、认认真真做事的种子。

学生时代的张如慧与同龄人一样受到时代局限，只能接受到有限的教育，但她并没有因此而放弃对知识的向往，在进入工作岗位后，仍利用业余时间坚持自学，终于在教育事业全面恢复之后，考取了上海机械制造学校。

无论在生活中还是在学习上，张如慧都是大家眼中积极向上的人。“我乐于参加集体活动，担任过学校的团支部书记、团委委员，是一个努力团结同学、帮助同学的学生干部。”

踏上工作岗位后，张如慧继承了父母的职业理想，也成了一名光荣的教育工作者，在上海理工大学做行政工作，先后担任教务员、秘书、班主任等职务。

面对学生时，她倾尽所有，她始终要求自己关心每一个学生的学习和生活，倾听学生们的心声，帮他们化解成长过程中的困惑与烦恼；而面对同事时，她秉持顾全大局和团结友爱的工作观念，与他们紧密合作，完成了一项项具有挑战性的工作任务。

张如慧回忆道：“我所在的校区是国际部，因此校园里时常会有来自不同国家的交流学者造访，在安排和协调他们进行学术研讨活动时，我和我的同事运用自己的专业知识将交流活动安排得井然有序，虽然彼此语言不通，习俗不同，但通过我和同事们耐心细致和换位思考的工作，使他们有宾至如归的感受。”

聊起自己的感情、婚姻，张如慧说自己和丈夫是在同一单位报考大学时，在复习的过程中越走越近并相恋、结合的。那是一个爱情至上、纯真无邪的年代。

1987 年，在张如慧接近而立之年的时候，她和爱人修成正果，两人步入了婚姻的殿堂，有了自己的小家庭。

张如慧说："那时候他是一名技术工人，工作认真严谨，技艺颇为精湛，而且对我十分照顾，婚后的生活其实并不宽裕，但我坚信我的选择是正确的。我和他约定，在生活中相互扶持，工作中相互激励，我不要做躲藏在深闺中的女子，对他在事业上的选择会全力支持。"

就这样，张如慧和爱人一起经历了 30 多年的风雨，先生从一名技术骨干，变为中层干部，又成为一名企业管理者，并于 2006 年获得了"上海市劳动模范"称号和"上海市科技进步奖"。"这一切都来之不易，有时候我也会担忧他的辛劳，但我知道他热爱自己的事业，我愿意做他坚强的后盾。"

对于张如慧和她先生来说，没有子女可能是他们生活中的一个遗憾，但他们彼此并没有因此而抱怨过对方，而是相互照顾彼此扶持，用自己的行动诠释着爱的真谛。

画画和走秀，都在追求美

退休了，在这个应当收获的“金秋时节”，张如慧并没有枯坐等待寒冬的来临，而是尝试去采摘更多甜美的“果实”。童年时梧桐树下萌发的灵感，终于在画笔中涌现出来，她学习了素描、油画等绘画技艺，积极参与社区举办的绘画展览，为社区的精神文明建设添砖加瓦；她在音乐的殿堂中也获得了共鸣，退休后学习了美声唱法、通俗唱法等歌唱技艺，在各级各类文艺汇演中时常能看到她的身影；她还学习了时装走秀，努力将上海女性的美、退休人员乐观生活的态度传递给大家。

说起各种艺术形式，张如慧都很喜爱，从小对自然之美的感悟、长大后对生活之美的热爱，都让这位沪上女子心生喜悦。退休，对于张如慧来说是一次新生，这让她能够有时间浸润在艺术的海洋里，不断求索。

在诸多艺术形式中，张如慧最喜爱的莫过于画画。“小时候就蛮喜欢画画，但是那个时候没有机会去实现自己个人的愿望。该读书的时候，也没什么好的课程；该上班时就去上班，追求艺术这件事儿就没有什么时间去做。所以，一退休我就去学了油画。”

当自己的水平在一点点地提升，然后一件件地完成作品，张如慧就感到特别开心。我问她，她最爱画什么。她回答说，她的兴趣很广，什么题材都喜欢，什么风景、房子、人物、静物这些都好……

而在这些作品中，她最中意的还是一件临摹作品，画面上一个小孩子打了一把伞，然后旁边有一个比较大的狗狗，狗狗坐下来跟孩子的个头差不多高，其实他自己根本也没遮到什么，大部分都遮挡在了狗狗身上。

张如慧说她之所以喜欢这幅画，是因为画面生动有趣，更体现出了孩子的爱心。"孩子这么小就懂得要保护动物。就像我们面对弱小，不应该去欺负他，而应该去保护他；只有对方幸福了，我们才能开心。"张如慧说道。

在自己获得充实与快乐的同时，张如慧也不忘将美好分享给他人。古人云：老吾老，以及人之老。张如慧时常去养老机构看望孤寡老人，乐璟汇、星堡、梧桐人家、香树湾……每个季度，这些养老机构都会留下张如慧的身影。她倾听孤寡老人的心声，为他们提供必要的帮助，为他们排解孤独和焦虑，将这个世界的温馨和关爱传递给他们。张如慧还在自己居住的小区成为一名志愿者，为退休人员组织各类文体活动，使他们的晚年生活变得更加绚烂多彩。

张如慧组织的时装队经常去为老年人演出。有的老人听到这个消息，虽然自己不能动，也会让阿姨把他们推到演出场地观看。观众们的认可与喜爱也激励了张如慧的模特队，他们常常会邀请行动方便的老人一起参与到演出中来。

老人们高兴地参加着演出，还把照片、视频发给子女们看。在张如慧的印象里"老人们笑得很开心"。她给模特队起的名字叫"爱心欢乐秀"。

美爱同行，矢志不渝

一次偶然的机会，张如慧从朋友的口中得知了环球夫人这一赛事。带着几许期待，她参加了第23届环球夫人上海赛区的新闻发布会。

发布会现场，“环球夫人，美爱同行”的赛事主题让张如慧深受感动。她认为“美”代表着现代女性积极追求自信、自立的人生态度和自身要求；而“爱”代表着一个人立于世间，对他人的责任和奉献。这些理念，与张如慧平时所一贯秉持的人生信念是吻合的。张如慧意识到，环球夫人正是她一直想要去登上的那个舞台。

而因为年龄和身体的原因，参与环球夫人赛事的过程，对于张如慧来说是十分辛苦的，但是她觉得很值得，“从中受益良多，对我的人生有了新的启迪。”

回忆起参赛时的场景，张如慧依然感到激动。“当我和来自全国各地的夫人们登上长城的时候，即使是原本就为我国古老文明而感到自豪的我，也依然能感受到历史带给我的那份沉甸甸的厚重感，真实地触摸到岁月的沧桑和前人的智慧，让我很受震撼。”

参加环球夫人当然不只是心灵的震撼，还有更多与善为邻、互学互鉴的机会。张如慧谦虚地说：“我也从众多的参赛选手身上学习到了智慧和哲理，她们都可谓是这个时代的优秀女性，和她们在一起的这段时间是我宝贵的人生财富。”时间已经悄然过去两年了，环球夫人的精神却常常激励着张如慧，她说自己时常感叹自己能做的事情还有太多太多，“‘美爱同行’将在我的生活中继续流淌下去。”

积极乐观
做生命中的强者

人生因阅历而厚重，生活因充实而精彩。

历经了社会主义建设、改革开放、全面建设社会主义现代化等诸多历史时期，面对时代的狂澜，张如慧处变不惊、抱朴守一，在她看来，做好自己该做的，就是在为时代的车轮助力。

无论在什么时期，她总是以自己积极乐观的心态面对生活，面对周遭的人们，人们也因此从她的身上得到感染与关照，成为积极面对生活的一分子。喜欢画画、喜欢唱歌、喜欢表演，喜欢将美丽与快乐分享给别人。她说她最喜欢画画，因为在色彩与线条间，她能创造一个新的世界，可是最近没有再画了……她顿了一下，原来2021年初她罹患乳腺癌，做了比较大的手术，因为油画颜料有挥发性气味，她担心对身体不好，最近就没有再画。听到这些，笔者深感惊诧，半年来的约访，让我不时关注张如慧夫人的朋友圈、视频号，每天她都会以饱满的精神状态出现在镜头前，没承想，这半年她却经历了与癌症的较量。

即便是在治疗期间，张如慧也没有间断视频号的更新。她说她不希望关注自己的朋友担心，不希望他们因为自己身患癌症就对自己有特别的关照，她也不希望太多人知道她生病的消息；她希望自己在朋友们的心目中是健康、向上、充满活力的。而她也真的用最短的时间恢复了过来，继续着她的美丽事业。

对出生在上海石库门的张如慧来说，从小到大见惯了上海滩的时尚名媛，然而在她自己心中对于上海夫人却有着自己的审美标准：细腻、讲究、有涵养，包容、豁达、不做作。正是因为坦然与自信，在第 23 届环球夫人大赛上她获得了上海赛区季军和全国总决赛季军。面对环球夫人的光环，张如慧是高兴的，她将自己最美的一面展示给了观众，将上海夫人的美定格在人们的心中；面对环球夫人的荣誉，张如慧是平静的，在她看来得不得名次都不重要，她能够走上环球夫人的舞台就是成功。

张如慧说，我不仅自己要活得精彩，还要带动更多的老年人积极面对日益衰老的生命。她说，年龄的增长并不可怕，可怕的是有些人已经在等待生命的终结。“时光是宝贵的，片刻都不能荒废，每个不曾起舞的日子都是对生命的辜负！对年轻人如此，对老年人更是这样。”

MRS.GLOBE
环球夫人

“唯有爱和信任不可辜负。”无论在生活还是在工作中，施芬都是一个永不言败的勇士。老公对她好，她就拼尽全力给老公一个美满的家庭；伙伴对她好，她就要把事业做得风生水起；环球夫人对她好，她就想着要怎样为这个平台多做点事情……她用自己的努力践行着自己内心的承诺——让她爱的人和爱她的人过得更好。

MRS.GLOBE

无需照亮 修炼成光

施芬

人生至幸，源自两位母亲的爱

世人都说，女人有两次生命：第一次，脱胎于母体，为新生；第二次，成立家庭，为重生。施芬很幸运，两次生命中，她得到了两份虽然不同，但同样深厚且意义悠远的母爱。

“母亲的小道理，蕴藏大智慧”

施芬出身于一个普通的河北农村家庭，物质或许不如城市的家庭丰富，但她仍觉得上天对她格外地优待，因为她有一个善良且有傲骨的母亲。虽然母亲并没有受过什么高等教育，与她说的大都是些衣食住行的小事，但施芬懂事后才明白，小事中往往蕴藏着人生的大智慧。母亲的教导，真正成为她日后为人处世、向上攀登的砥柱基石。

母亲告诉她，“不要挑食，要珍惜自然的馈赠”。这让她懂得，无论顺境还是逆境，感恩机遇，也要致敬磨难；拥抱恩人，也要笑对路人。因为这一切构成了自己的阅历，一步一个脚印，过往皆为财富。

母亲告诉她，“过节便要有过节的样子，和重要的人，过与众不同的一天，这一天便能深深记在心里。”所以即便是现在，每逢节日，她仍能收到母亲从老家寄给她的礼物。而“仪式感”，也成为施芬所创立的品牌的一种企业文化。节假日，公司的员工总能收到她精心准备的小礼物。施芬说：“看到他们的笑容和心底的那份满足，我才知道，妈妈为什么那么重视一起过节，有人记挂的温暖其实比礼物本身要重得多。”

“婆婆的认定，让我的一生笃定”

施芬的另一位母亲是她的婆婆，也是她深深感恩的人。

“当时我和先生的交往，遭到了他家族里位高权重的家长反对。确实，以当时的情况来看，他的家境要比我好。即使我再渴望这份爱情，也绝不想他为了我去对抗家庭。”

但就在事情陷入僵局的时候，“他妈妈真的是在最关键的时刻，给了我决定性的支持。她力排众议，同意了我们的婚事，并且为我们操办了风风光光的婚礼。她当时对我们说，‘我的孩子，如果我自己不去支持不去爱，那么还有谁能去支持，去爱他呢？’这句话，直到现在都让我难以忘怀。从那一刻，她便成为我的另一位妈妈，成为我生命中非常重要的人。我会用一生来感恩、孝敬她。同时，她的开明与睿智也给了我很大触动，父母爱子，当为其计深远。她的体谅与成全也成为我日后教育孩子的榜样。”

家庭，是我最温暖的港湾

“他，让我看到了爱情最美的样子。”

在施芬的眼中，自己的先生是位正直、谦和的君子，更是位包容、体贴的丈夫。“和他刚刚在一起的时候，我也有过顾虑，他有着体面的工作，有能够给他支持的家庭，我们之间的差距显而易见，这样的牵手真的能走到最后吗？但是他以自己的行动温暖着我，也让我对这份爱愈发坚定。在他眼里，我看到了那个美得会发光的自己。是他让我懂得，一份好的爱情，绝不是让任何一方自卑怯懦，两个人的手紧紧握在一起，便会走向光明的未来。结婚十几年，我们共同成长，彼此支持，彼此成就，努力且惬意地经营这份婚姻，无私地爱与付出。所谓的灵魂伴侣，应该就是如此吧。”

现在，丈夫已成为施芬工作上最得力的帮手，相敬如宾，也珠联璧合。他们用自身对爱的虔诚与积极的行动，践行着对爱情最忠贞的承诺。他们的爱情也影响了很多人，向更多人传递了爱情积极的讯号。“这个世界上是有纯粹的爱情的，只要你真的找对那个人。”

“做孩子的陪伴者，而不是监护人”

施芬有两个孩子，老大是女儿，今年 12 岁，前两年家里又添了一个男孩，儿女双全，凑足了一个“好”字。

“这两年由于公司发展得快，和孩子相处的时间确实少了一些。但只要有机会，我一定会珍惜每分每秒的时间，和孩子在一起，哪怕在他们假期的时候，我会在征得孩子同意后，请先生将他们带到公司来。”

至于问到带孩子去公司，会不会影响工作，施芬笑言，“他们去了，我反而会更专注。作为公司的创始人，我有责任随时随地以专业的态度处理我的工作；作为母亲，我要让孩子们看到我的拼搏和专注，我希望以身作则，使他们明白，想割麦子，怎么能不弯腰？”

正是这样的潜移默化，施芬的两个孩子都很优秀，女儿已然成为国学爱好者，传统文化的浸润与熏陶，让这位本就优雅娴静的小姑娘更添了卓然的书香气；而小儿子虽然年幼，但不妨碍他成为施芬公司中最受阿姨们欢迎的小暖男。“孩子们是祖国的花朵，总有一天要成为国家的脊梁。我不强迫孩子，但我希望自己的表率，能使他们自己去选择成为更崇高的人，做更有意义的事。”

妈妈的爱，总是深厚而悠远。

事业，是女人最好的保养品

说到施芬，就不能不谈到她的美丽事业。她和闺蜜们在塑身内衣行业已经深耕了20年，并于2019年创办了自有品牌，缘起，施芬深情地讲述了一个小故事。

一个平常的午后，施芬和两个闺蜜在一起喝下午茶，享受着难得的惬意时光。这个轻松的时刻被一个严肃话题打断了。昕芮向自己和闺蜜们发出了灵魂之问："此刻，假如我们身无分文，抑或是我们腰缠万贯，在这两种极端的状态下，我们还会为了什么而再次出发？"此问，追寻到生命的意义，房内一片沉默，许久没有言语，之后几乎同一时间几个人潸然泪下。她们回忆过往，细细思量。终于，她们找寻到共同的目标："让生命更自由。"而生命的平衡和自由，必须包含心灵成长、亲密关系稳固、事业发展、财富自由、社会价值实现五方面。她们就要创造一个平台，通过一个品牌让更多的人获得更加美好的生活体验，帮助女性朋友做好一立方米的管理，因为身体是供奉灵魂的殿堂，通过让她们的形象焕然一新，进而真正蜕变，更加自信从容地面对生活。

对于产品，施芬有很强的"执念"。"一件穿出美丽身材"并非想象中那么简单。坚持原创、品质、舒适、健康、效果……一个个的坚持串联，才有了今日备受推崇的凝结"轻塑美"的极美内衣。目前，随着她倡导的轻塑理念愈发深入人心，品牌也进入了飞速发展阶段，新的十年战略规划也拉开序幕，以北京为起始，贯穿新一线城市，进而辐射全国市场。这份深爱并蒸蒸日上的事业，也让施芬找到了焕然新生的感觉，每天都有不一样的成长与惊喜，这也恰恰是女性青春的奥秘。

达或不达，皆可兼济天下

古语有云：穷则独善其身，达则兼济天下。但对于施芬而言，心系国家，为国家做些力所能及的实事，是身为一个中国人的本能和责任，达或不达，皆可兼济天下。

2020 年，零售业的寒冬降临。但此时，身为董事长的施芬和身为 CEO 的杜昕芮第一时间想到的并不是自己的事业受阻，业绩受损。她们的心中，惦念着要为在这场没有硝烟的战役中守护我们的医护人员，献上自己的一份敬意与温暖。于是，“让我抱抱你”公益行动如火如荼地展开，作为脚踏实地的实干派，两位创始人在最短时间，调配了价值百万的内衣，只为了舒缓医护人员身心的疲惫。

不买热搜，不刷话题，但行好事，莫问前程。这份实实在在的心意温暖了许多一线的医护人员。施芬说：“为众人抱薪者，不可使其冻毙于风雪。作为一个创业者，我暂时还没有足够强大的能力，但是能做的，我便要拼尽全力！”除此之外，她也在身体力行地去践行公益，以行动给这个社会播种下更多的阳光与美好。

海纳百川，因而浩瀚澎湃，而这义无反顾、奔赴海洋的细流，又何尝不是一份大爱？正是因为有许多如施芬这样有责任感的企业家，中国在后疫情时代，经济回暖的关键时期，才有了如今这百花争艳、欣欣向荣的大好局面。

闺蜜，是我可以将后背交托的人

对施芬来说，经营自己事业的这近 20 年，尝尽世态艰辛，人情冷暖。她最宝贵的，也是最引以为傲的，不是拥有了自己的品牌和公司，而是身边聚集了一群志同道合的姐妹。

品牌的另一位创始人杜昕芮便是施芬相识 19 年的闺蜜。“我和昕芮都从事塑身衣行业，也因此相识。我们两个携手做一番事业就像上天早就安排好的一样。她做事风风火火，永远是那个有魄力又大气的元气满满的小仙女；而我是那种谋定而后动的人，凡事都要再三推敲，确保万无一失。君子和而不同，我俩能相融又互补，不管是工作中还是生活中，相处得都很愉快。相处这么多年，我们早就和家人一样了。我常常想，要是我们身陷一场战争，那我们绝对是敢把自己的后背交托给对方的人。”

这听着就很燃的独白，让人不禁好奇，两位同样拿了大女主“剧本”，又是闺蜜的优秀女性，在工作中，有没有遇到什么意见不一致的地方呢？说到这里施芬又笑了，“其实也是有的。我们经常在争，争着要为对方承担更多。比如在创业这两年，我们也都经历了第二次怀孕的过程，这期间，都是另一个人在支撑一家企业，没有怨言，只有温暖的守护。我们也总是在抢，抢着让荣誉，甚至是让职位。和这样一个懂你、爱你的闺蜜一起做份美丽的事业，这是多少人求都求不来的，我想我们两个都很幸运。”

闺蜜，很多时候是离心最近的那个人，和父母不敢说的，和丈夫不好说的，和子女不能说的，都可以与闺蜜一起分享。确实如施芬所说，她很幸运，但也正是因为她的这份赤子之心，才有一份这样的友谊，唯有爱与信任不可辜负，这是善良与智慧的因果。

环球夫人，圆了当年那个小女孩的梦

每个女人在还是小女孩的时候，都曾幻想一个如童话般的场景：闪耀的舞台，高贵的礼服，精致的妆容。有那么一刻，灯光、所有人的视线都聚焦在你的身上，所有人都为了你的出色而鼓掌欢呼。

对于施芬来说，虽然岁月的历练与沉淀让她早已沉着内敛，但“环球夫人”确实以其璀璨的光芒拥抱、激活了施芬儿时的一个美好梦想。

当然，这个舞台让她雀跃的远不止于此。“在这里，我看到了那么多优秀的姐妹，她们年龄不同，职业不同，性格不同，但是都自信优雅，神采奕奕。其实我并不是一个擅长社交的人，但是在见到她们的瞬间，我很自然地就融入了这个奇妙、充盈着欢声笑语的能量场。我向她们学习了很多东西，也有不少姐妹，通过我的介绍，开始尝试我品牌的内衣，并且爱上了轻塑这种健康舒适的感觉，会主动地为我推荐一些新朋友来体验产品的魅力。”说到这里，施芬难掩骄傲，“让更多的姐妹们变得更美，这不就是我一直想要做的事情吗？”

社会上对女性会存在一些偏见，认为女性感性、敏感，这简直是成功最大的绊脚石。而施芬和众多优秀的夫人们则以事实告诉我们，这种性别歧视早该停止了。女性的感性、敏感恰恰使她们拥有更强大的走进内心的能力，也更加真挚与坦诚，而这些可以帮助她们偕同更多同样热情、纯洁、温暖，且渴望成功的姐妹，成就一番壮丽且崇高的事业。

施芬便坚定地走在一条这样的道路上，稳健且轻盈，用纤薄的肩膀扛起冉冉初升的朝阳，将品牌托起到更美更光明的远方。施芬凭借着自身的智慧、善良和坚韧，将自己修炼成光，那么我们也祝愿她能如愿以偿，以生命点燃更多生命，成就更多人的美丽与自由，实现“让世界爱上中国的美”的愿景，借国家强盛之东风，为民族复兴的伟大前景，献上自己的一份力量！

MRS.GLOBE
环球夫人

又一次送儿子踏上异国他乡求学之路，望着17岁的少年高大的背影，王英姿转过早已泪眼婆娑的脸。

再多的不舍与牵挂，与孩子的前途相比都不值一提，一个母亲对儿子最大的“狠心”就是放他远行；儿行千里母担忧，又是每一位母亲在孩子成长中必然要面对的课题。

MRS.GLOBE

面对必须面对的　努力值得努力的

王英姿

人如其名 英姿飒爽

王英姿出身于北京的军人世家，从她爸妈给她取的名字中就能够感受到浓浓的部队情结。小时候随军，王英姿在广西柳州长到6岁。“那是童年最最美好的时光，在部队大院里和小伙伴们一起玩耍，无忧无虑。”

转眼间王英姿就到了入学的年龄，父母决定把她一个人送回北京上小学，这是当时无奈却也是最佳的选择。那是她平生第一次和父母分开，小英姿被寄养在姑姑家。姑姑家有四个孩子，二表兄最小，又与英姿年龄相仿，英姿的到来成了他争宠的最大“对手”，小英姿也毫不畏惧，这俩孩子“天天打”。

从小在部队长大，就养成了不服输的性格。和小伙伴们在一起，王英姿成了孩子头，她的话别的孩子听，别的孩子被欺负了，王英姿也会帮他们出头。从上学开始，王英姿就是班级里德智体全面发展的“三好生”，也是街坊们口中“别人家的孩子”，学习上的事情从不让家长操心，让陪在孩子身边的父母都羡慕不已。

三年级时，父亲转业回京，王英姿一家终于团聚了。在父母的呵护下，王英姿渐渐长大，她的志向也越来越坚定——参军服役。她的这个决定自然得到了全家人的认可，高二参加完毕业会考，王英姿就应征入伍成为一名通信兵；当兵第二年，王英姿又以优异的成绩考取了军校，攻读医学工程专业。那时候，我国医疗器械产业方兴未艾，研发、生产都成了极其热门的领域，军工企业在这方面有着得天独厚的优势。时隔20多年，现如今，王英姿的很多同学都成了这个领域的带头人。

然而，王英姿毕业后从部队转到地方医院，又从地方医院辞职。随着中国改革开放的发展，26 岁的王英姿觉得自己应该拥有更大的舞台，而不是在一个单位终老一生。于是，她辞去稳定的工作。“我妈妈听说了这事，气得住了一个星期的院才缓过来。”然而，妈妈却不知道，一位企业家正从这个决定开始成长起来。

王英姿说，自己在职业上的选择，与一位有智慧的前辈有着很大的关系。他了解王英姿后，觉得医院的工作埋没了她的才华，说她有可能在更大的舞台上发挥光和热。而这与王英姿不安分的内心和勇于冒险的品质不谋而合，这一催化剂，加速了王英姿离开医院，并彻底脱离了自己原有的专业。

“慧”通九方 无往不胜

王英姿进入集团从事交通板块的业务工作，并很快成长为一名出色的管理者。然而，入职两年后，随着集团业务领域的不断扩张，深耕交通板块的王英姿感受到了越来越强大的压迫感，以至于她做出了一个大胆的决定——自立门户。她自己的品牌因此应运而生了。王英姿从原单位离职在当时引起了不小的震动，一批愿意追随她创业的伙伴们而今已然成了该品牌的元老。15 年来，该品牌在交通工程领域的名气越来越大，渐渐成长为智慧交通产业的领头羊。

在北京颐堤港、三里屯太古里周边的交通优化，天坛医院迁建的交通咨询及交通影响评价，北京南站信息化系统、北京六里桥交通枢纽信息化系统设计及建设，地铁 13 号线、八通线等地铁桥隧涵实时监测系统，北京市交通领域节能减排统计与监测平台工程的设计及实施，“武汉城市圈交通一体化示范项目”的交通规划及基础技术支持工作中都能看到她的身影……

这期间，企业出色的表现引起了投资公司和资本市场的热切关注，2011 年，中山达华智能科技股份有限公司向她伸出了橄榄枝。三年后，王英姿完成了协议商定的各种目标，她的公司也如约成为达华智能的全资子公司。

“30 • 60 双碳”目标，为中国经济发展带来了新的驱动力，王英姿也认为在可持续交通方面民营企业将大有可为。于是，她将智慧交通系统运营和维保作为新公司的主要业务模块，成立了新公司。王英姿对这个公司寄予厚望：“它将是一家全新的上市公司。”王英姿这么说，可不是吹牛，除了第一家公司被上市公司收购外，她所入股投资的 7 家企业已有 3 家成功敲钟。王英姿不仅是智慧交通领域的资深企业家，也已经成为投资领域的行家里手。

不久前，北京证券交易所的挂牌成立又为科技企业上市融资开辟了新的通道，这更加坚定了王英姿的信心：“研发自主核心技术，发展高端服务业这条路必然越走越宽阔。”

果敢担当　柔情慈母

在事业发展道路上披荆斩棘、阔步向前的王英姿也并非事事如意，完美的生活永远是人们追求的理想状态，然而现实却往往事与愿违。

比如健康，王英姿曾经失去过，现在她格外珍视。正当事业慢慢走上正轨的时候，王英姿的身体出了问题。长期作息不规律，加上酒桌应酬，让王英姿患上了严重的胃病。严重到什么程度？已经危及生命。

身体亮出的红灯，让王英姿意识到必须改变，必须为了重返健康而奋力一搏。“我还有父母、家庭，孩子还小，他不能没有妈妈。”想到这里，王英姿说，当时自己只有一个念头，那就是要努力活下去。

幸运的是，只要王英姿下定决心，往往都会有贵人相助。在朋友的介绍下，王英姿结识了一位名老中医。老中医不仅给王英姿开了药方，还告诉她生活、饮食中的禁忌。老中医问她：“还想活几年？”“想多活几年，就要听话，照办。”“要健身，不能喝酒，不能吃辛辣刺激的食物，不要吃大米白面等主食……”

王英姿听进去了，她不仅按时吃药，还按照老中医的要求每日健身，并且改变了自己不健康的生活方式。这些变化使得王英姿的身体慢慢恢复，获得了赢得未来的资本。

“大约一年后，我再去做检查，发现胃部的疾患已经基本康复。”王英姿说，“真的很感谢这位仁心仁术的老先生。现在过去十几年了，我还是保持着每日健身的习惯，多年后才发现，过去说不去健身是因为没有时间、工作忒累……都是借口。”

除了失而复得的健康，王英姿曾经拥有过的爱情，却再也留不住了。王英姿的前夫曾是一位军人，当初，在父母反对的情况下，她毅然嫁给了爱情，然而，并不是所有的付出都能够换回同样的真心。婚姻在王英姿事业发展处于转折期时亮起了红灯，而且矛盾到了无法调和的程度。几经思考，无奈之下，王英姿只得带着孩子租住在公安大学的家属院，直到后来买了新房，才有了自己的安身之处。

说起这段经历，王英姿不由黯然神伤。尽管长期分居，但她得知前夫罹患肺癌的时候，还是积极帮助他联系医院并进行术后照料。然而，让人无法理解的是，康复后的前夫对她并没有感激，反而进一步伤害她，王英姿不再犹豫，毅然勇敢地结束了这段感情。“虽然不能够给孩子一个完整的家庭，但我还是希望能尽己所能为孩子铺就一条通向未来的坦途。”

让王英姿感到欣慰的是，儿子很懂事，跟自己当年一样学习不用操心，而且没有叛逆期，很知道体谅母亲。王英姿与儿子两人相依为命，在孩子上高中的时候就把他送到了英国伦敦。王英姿希望他能够考上“帝国理工”，而孩子则正在努力冲刺“剑桥”。新冠肺炎疫情让王英姿对孩子又多了一份担心和牵挂，但她还是狠了狠心，再次把儿子送上了飞往伦敦的航班。

王英姿说自己对待儿子既是妈妈又是“姐姐”，“我对他说，‘你是妈妈的骄傲，从小到大都是；妈妈所做的一切是为了姥姥、姥爷，也是为了这个家能过得更好，让你能够什么都不用去想，只管好好学习。你长大了，我相信，你一定知道什么该做什么不该做。’”

荣耀舞台　以爱成道

人生中有很多事情是努力就可以做到的，而有些事情却注定是遗憾，王英姿已经深刻领悟到了这一点。她说心态很重要，坚持也很重要；一个人并非天生坚强，而是经历锻造了她的精神。“我会有苦闷焦灼的时候，我常常会一个人开着车去北京郊区的寺院，有时候一待就是一整天，在那里抄抄经、喝喝茶，整理自己。”王英姿说，“我始终告诉自己，不能倒下，还有很多人需要我。”

是啊，王英姿在家是家庭的支柱，在外是企业的核心，谁都知道她是女强人，但又有多少人理解她首先是个女人。她笑称“为了做回女人”，她决定走上环球夫人大赛的舞台。

很少化妆和精心打扮的王英姿，为大赛精心妆造之后勇敢地走上舞台，旗袍曼妙、晚礼服惊艳，在大赛决赛的那一天，星光闪耀，掌声雷动，鲜花簇拥，她用自己最美丽的姿态，宣示着“女人如花”的娇媚和自信，一举获得第23届环球夫人大赛京津冀赛区亚军。

获奖之后，王英姿坦言，其实促使她最终参赛的最主要原因是环球夫人 “美爱同行、美善同行、美孝同行”的核心价值观与自己的内心完全契合。在没有遇到环球夫人之前，王英姿就已经是一位资深的慈善家，在诸多不为人知的善行中，她告诉了笔者一件最为特别的、还在进行的公益项目。

在贵州省铜仁市江口县辖的一所小学，王英姿看到了一群在艰苦环境中，依

然努力学习的孩子们。在那一刻，王英姿就想尽自己的力量帮助他们改善学习生活环境，但她又不想通过任何慈善机构来完成这一善举。

几经周折，王英姿与江口县教育局签订协议，资助这所小学改善教学硬件。“只要学校需要，就可以向我们申请专款。”王英姿说，“我这边会审核批复一下。如果他们需要的是设备，我会安排专人买好后给他们发过去；如果是需要修缮校舍的经费，我这边也会直接打给学校。”这一善举已经持续了好多年，每年都会给学校拨付数十万元的善款。

王英姿每年六一儿童节前都会到学校宿舍住上一周，去那里感受自然，感受淳朴，感受扑面而来的生机。

时间长了，熟悉了，她就会和孩子们聊聊天。那里的孩子大多是留守儿童，而且有很多父母都已离异。深入了解后，王英姿发现，很多孩子的父母在外打工，而且往往不在一个地方，很多因为女方有了外遇最终导致一个家庭的破裂。从这个角度出发，王英姿觉得对女性价值观的正向引导尤为重要。而环球夫人大赛恰恰就是这样一个寓善于赛的平台，她觉得环球夫人大赛的意义和价值不仅仅在于展示自我，更重要的是引导更多的女性正确地认识婚姻家庭、积极正面地面对生活和挑战。

对于未来，王英姿总是充满了美好的期待。她说：“我现在还退不了休，还有很多事情要做，再努力奋斗十年吧，不只是为了自己，更是要为社会去多做些有意义的事情。”

不忘初心 方得始终

高楼的中层平台上有绿植、花卉、假山，曲径通幽，这个空中花园，是王英姿特意为自己挑选的办公室外景。繁忙之余，焚香、烹茶，享受这样的片刻恬静。

对于王英姿来说，事业是她的高光时刻。从上市公司离职，再把自己的公司做到被上市公司并购，培育自己投资参股的公司走向资本市场，再发力寻找新的赛道，每一次的决策与努力，都显现出一个企业家特有的睿智，这种睿智就是对时代和趋势的准确把握。王英姿说，一个企业一定要有自己的核心产品，并以此确立自己的主要发展方向；否则，一个企业即便在资本市场上一时火爆，但终究犹如无根的浮萍，难以恒久发展。

事业上的成功来源于王英姿敢于吃苦、能够坚持的韧劲，她说："你要想做成一件事，一定得有能吃苦的决心和能坚持的恒心，比如拿健身这件事来说，很多人都找各种借口，说自己没时间，其实时间都是挤出来的。如果你足够爱这个事情，就一定会坚持的，就看你到底爱不爱，有多爱。"所以，毋庸置疑，王英姿爱这份事业。

对于王英姿来说，家庭是她的某种缺憾。但她依然对爱人尽到看护的义务，自己将孩子拉扯长大，培养他出国留学，努力把儿子培养成德才兼备的快乐少年。王英姿说，每个人在自己的生命中都会遇到坎，不要怕，跨过去就是成长。"凡是杀不死我的，必将使我强大。"

生活中，王英姿孝敬老人，担负起赡养双亲的职责，一有时间她就陪着老人出去旅游，每周即使工作再忙也要回去陪陪老人。在王英姿的心中，母亲是她温暖的港湾，也是这个世界上最可爱的人。然而2021年初，王英姿的妈妈与世长辞，王英姿到现在还不能解开这个心结，提起母亲就黯然神伤，历历在目的往事让她难以释怀。毋庸置疑，王英姿爱自己的家庭。

对于王英姿来说，社会是她的舞台。无论是基础设施建设，还是智慧系统升级，以至于去偏远乡村资助学校，这都是在为我们社会的发展进步做贡献。

穷则独善其身，达则兼济天下。在王英姿的世界里，帮助别人就是最最快乐的事情。

她说自己在铜仁江口县资助的小学里看到过三姐妹，父母都有智力缺陷、生活不能自理，孩子只能由爷爷奶奶照料。这三个孩子还都很健康，在小学读书。每次去学校，王英姿都会去看望她们，当她把糖果拿给孩子的时候，孩子的眼中闪烁出的是难以言表的幸福。

走到社会基层去看了很多事情，到那儿的时候就会让你想：人这一辈子到底是图什么？生命的意义是什么？王英姿说："我觉得人的快乐和幸福感跟物质的关系不大，在山区生活的乡亲们也挺快乐的。我们还是要找到自己内心的一个支点，让自己的内心获得真正的满足。"

对人真心是王英姿的特点，她因此收获许许多多的朋友；先做人后做事，是她对企业员工的要求，企业因此获得了生意上的成功。得道多助是被历史证明了的经验，这个"道"对于王英姿来说就是用大爱来激发自己的无限潜能，积极而正向地去应对各种挑战。

所以，毋庸置疑，王英姿热爱着这个世界。

MRS.GLOBE
环球夫人

孙嘉慢慢地讲述着自己的故事，平静却又充满力量。一个人，三十年，在一个行业披荆斩棘，追逐梦想，这需要多么巨大的耐力和勇气。她从没有提及过自己遇到的困难，似乎为了自己的所爱，付出再多都是值得的。

MRS.GLOBE

产康女王炼成记

孙 嘉

从美容美体到产后修护

能够与一个行业一同成长是一代人的幸运。

随着改革开放大门的不断敞开，一些新行业也走进中国，成为人们高品质生活的组成部分，比如，20 世纪 90 年代兴起的美容美体，21 世纪初开始出现的产后修护……而孙嘉正是这一领域的见证者：二十几年，看着这个行业从无到有，从粗放到细分，从野蛮到规范，孙嘉在业内已被称为“产康女王”。

1992 年，天性爱美的孙嘉还是个天真活泼的小姑娘，从小受父母做生意的熏陶，也想选择一个自己喜欢的自由职业。20 世纪 90 年代初的辽宁鞍山，因为重工业的带动，经济增长迅速，在全国看都算得上是富裕而时髦的城市。那时候，孙嘉就把视线集中在了美容领域，那一年，她决定到北京学习美容抗衰技术。

学成后的孙嘉，没有留在北京，而是选择回到东北，开一家自己的美容院。小小的创业梦在孙嘉的努力下慢慢成为现实。但很快小小的美容院就已经装不下孙嘉的梦想；一年后她决定再次闯荡首都。而这一次除了更新自己的知识和技能外，她更大的梦想是在北京开美容院、在全国开美容院。

这个看似很难实现的梦想，趁着改革开放的东风，在孙嘉的点滴积累下成为一个个品牌店，三年、五年、十年……孙嘉的足迹踏遍了祖国的大江南北，那时她所做的最重要的工作就是去一线培训、巡店，赚钱已经成了企业品牌发展的副产品。

十年磨一剑，下一个十年，孙嘉将带领企业走向何方呢？这是她那时候常常思索的问题。从医美到大健康，孙嘉细细思索着行业中的一条条赛道。十年的美容之路，让孙嘉收获了财富，也有了家庭、孩子，成为一名母亲。这时候，孙嘉发现很多客户在生完孩子后，身体有了非常明显的变化，而她们亟需专业机构帮助她们恢复形体、恢复健康、恢复自信……

“那时候我听说国外有产后修复这种服务，我还很惊讶。从2003年开始，我带着团队开始转型尝试做产后修复。”孙嘉说，“那时候，我们做得还不算专业，自己摸索着给宝妈们提供一些力所能及的服务，但还不成体系，很大程度上还是美容美体的延伸。”

这样摸索了5年后，2008年，孙嘉遍寻资料，决定到欧洲、韩国、日本、中国台湾等地学习这个行业内先进和专业的知识、技能。孙嘉进一步发现在这些地方，稍微有些经济能力的女性是不在家里坐月子的。孙嘉意识到一个巨大的市场正待被开启。

“在我们客人身上，我看到了宝妈对于产后修复的真正的需要。我也看到了这个行业的巨大前景。”孙嘉有些难以抑制心中的兴奋，她看到了一片大海，她仿佛听到自己驾驶航船引擎的轰鸣声。

从应用到研发

最初的产后修复只有减肥、塑形、疤痕治疗这三项比较受欢迎的服务。后来在减肥纤体之后，会加上美容项目、养生项目。而专业的产后修复其实最主要就是身体调理，用科学、专业的检测，给客人制定个性化的修复方案，其目的在于塑造内在的健康美、外在的形体美，还包括面部的整体抗衰美。

说到技术学习和自主研发，孙嘉表示，刚开始很多设备的产品都是进口的。“最早的几台高端仪器还是我去欧洲考察时买回来的。”时至今日，她的公司已经拥有了自己的研发团队和生产基地。“现在的技术、产品和仪器研发大部分都是自主完成，由广州中医药大学5位博士领衔的专家组负责企业的研发，产品也更加具有针对性和适应性。” 比如在调理产后抑郁方面，我们会采用铙钹音疗、精油香薰、中草药熏蒸等多种方法综合调理。相关数据显示，很大一部分比例的宝妈都有产后抑郁的症状，这就需要进行科学的干预，帮助她们走出困境。除了被动调理外，专家们还研发了主动增效的调理方法，这样的话就会产生1+1 ＞ 2的增强效果。

孙嘉经过近三十年的行业沉淀，将曾经的美容店发展成以母婴护理、孕产修护、教育培训、研发生产为一体的孕产修护集团公司。

从业务精化到品牌升级

在运营企业十多年后，在业务升华之路上不断攀爬的孙嘉已经不再满足于原有企业所取得的成绩，在她的心底萌生了一个更大的计划。

2020 年 9 月 12 日，经过一年多的紧张筹划，一个新品牌诞生了，这一品牌有着更高的定位、更长的产业链和更加完备的运营计划。

之所以要提升品牌维度，孙嘉提到了两个关键原因：一是随着产后修复的市场越来越大，出现了行业不规范、专业度低等问题，需要在行业中树立起标杆品牌，引领行业的健康发展；二是随着女性以健康、美丽为核心的自我意识不断提升和消费能力的不断增强，对于个性化服务的需求已不仅仅停留在产后修护这一时期了，备孕、产前、产中、产后直至围绝经期都成为可以为客人提供服务的特别周期。

备孕期，从准备怀孕的时候就开始调理；孕期，也做一些水肿的调理和乳腺的调理；产后修复，这个阶段是需求量最大的，大概 90% 的宝妈生完孩子后都需要这个服务；围绝经期的综合调理，孙嘉介绍说："目标就是把产后宝妈真正打造成'辣妈'。"

可以说 30 岁到 50 岁的女性都是新品牌的服务对象，"我们的服务周期很长，有的妈妈在我们集团的门店享受过服务，现在又把自己的女儿、儿媳妇带到这里接受更加优质的服务。"孙嘉欣慰地说道。

从连锁加盟到联营直管

从孙嘉的讲述中，可以感受到她下定决心做的是女性健康产业的大文章。但前文中孙嘉也提到，这个行业比较混乱，市场中的很多品牌管理并不规范，拥有直营店的品牌公司更是少之又少，那么有什么办法能够改变这种现状，让创业者创业更安心、消费者花钱更放心呢？

孙嘉新创的品牌揭牌之后，已经在全国创立了 7 家品牌店，孙嘉第一步的发展目标是在全国范围内铺设 10 家旗舰店；旗舰店稳固后，再将这种模式在全国范围内全面铺开。

孙嘉强调，这并不是对过去的企业进行重组升级，而是在新的赛道上重新起跑。对于自己的创业周期，孙嘉认为从进入产后修复这个大行业开始，开直营店是品牌发展的 1.0 时期，开始全国加盟是品牌发展的 2.0 时期，联营直管则是品牌发展的 3.0 时期。“我们的目标是让创业者做甩手老板，只要投资就可以，我们派人进行店面的运维；我们承诺两年收回成本，若两年没有收回成本，我们退回公司收取的品牌使用费的差额部分。”孙嘉对市场和自己品牌的盈利能力非常有信心。

在孙嘉看来搭建女性大健康全产业链的运营模式是非常有前景的，她再次看到一片浩瀚的蓝海。数据表明，现在全国美容院大概有 130 万家，但是产后修复店只有 4 万多家，做全产业链产后修复的综合店就更少了；在新冠肺炎疫情防控期间，她旗下门店经营都没受影响。“随着三胎政策的放开，这个市场会越来越大。”

除了致力于品牌打造和产业链的延伸，近年来孙嘉还带领团队开始领衔制订行业团体标准，为的是这个行业更加规范、健康发展；进一步搭建互联网平台，走数字经济之路，为的是让新品牌成为一个超级平台，成为服务和产品线上线下同步互动的供应商。

做更好的女人
为了女人更美好

年轻时候的孙嘉，就是个活泼、开朗、爱玩、爱笑、爱美的小姑娘，一路走来，历经坎坷，但爱美之心却从未改变。

“现在回老家，很多朋友几乎都不敢认我，因为那个时候的我活泼爱玩，是很好动的那种人；而如今，优雅端庄，年轻的容颜下又不乏青春活力，而在外面闯荡多年，做管理者也让自己的心性变得更加包容温润了。”“一心一意把这件事情做好，把所有的精力都放在这个有意义的事业上，不仅让很多女性朋友受益，我自己也得到了很大的滋养。”

2019 年，也就是在策划产康品牌 3.0 版本的时候，孙嘉经朋友推荐走上了环球夫人的舞台。“这的确是一个很好的女性平台，是个让女性自信绽放的地方。”孙嘉说，“我在这个平台上收获很大，我认识了很多好姐妹，她们对我的帮助都很大。实实在在，大家在一起相互赋能，不管是生意上还是生活上。”

为了参加比赛，孙嘉专门抽出时间参加学习和训练，一如她认真对待事业一样。她的认真参与以及她的卓越成就在环球夫人的舞台上也获得了相应的认可，2019 年荣获环球夫人大赛京津冀赛区特别奖，并因为她做的事业是让更多女性朋友自信成长，她被组委会授予“环球夫人亲善大使”头衔。

“和参赛的夫人们一起学习，真的是一件非常开心的事情，我们会放开自我；每个夫人都有自己的强项，值得其他人学习；我们也会常常一起聊天、一起录搞笑笑的抖音视频……好像又回到了十七八岁那个欢腾雀跃的时光里。”

现实生活中，孙嘉是一个对自我要求严格的女性。她每天早上5点起床，晚上10点休息，早起锻炼时听书，不断补充自己的知识。她也有着女企业家特有的工作热情，“工作上，我始终保持兴奋，每天开车出来，从地库出来那一刻开始，我就特别兴奋。”

除了工作，就是学习，孙嘉的时间被安排得紧凑而有序，“每年差不多算下来要有一个月的集中学习时间吧。我们这个行业新生事物很多，技术成长很快，所以我必须要加强考察和学习。除了学习业务知识和企业管理外，对于金融知识的学习也是我当下的重点之一。”

现在孙嘉管理的企业拥有300多名员工、1000多家专营店，服务过的女性达3750万人次，20年的老店在这个行业里不能不说是一个奇迹。这一切都得益于孙嘉朴素的理念——与人为善。也正是与人为善，所以得道多助，孙嘉总是能得到他人的帮助，因此她的事业越做越大。她成为更好的自己，也拥有了帮助更多女性成长的能力。“这么多年开店一直跟宝妈在一起，然后不断地去研究宝妈到底需要什么，最后我们才做到这种程度。”品牌的诞生非常有意义。“而新品牌的诞生也是我们这个时代消费升级的结果。30年来，我们参与过产业链的每一个阶段，所以我坚信我们能够成就每个妈妈。”

孙嘉坚信，自己所做的是能够让全家人获得幸福的项目，宝妈通过调理，自己不再难受、痛苦，就没有那么烦恼，心情好了，就能够更好地维护家庭和谐；而形体的恢复，更能够促进两性关系的亲密，也是在为家庭和睦方面做工作；集团推出的“宝妈课堂”和“家庭沙龙”也在帮助更多家庭获得整体幸福感的提升……让女性更美、让家庭更幸福、让世界更温暖，孙嘉和她所服务的妈妈们一起在努力。

终其一生
成就美好

周末，员工们都休息了，整层的办公区里只有孙嘉和她先生两人，浇浇花、看看资料，各个角落走走，也许哪里有需要改进的细节……

在事业中孙嘉是个非常理性的人，对于企业的定位、品牌的塑造、发展的战略……都有着清晰的认识和推进的时间表；然而，大家却又能深刻感受到孙嘉是一位非常感性，充满人性光辉的女性。

无论你遇到的是她的基层员工还是在直营店被她服务过的顾客，每个人只要提到她，都竖起大拇指：“孙总这个人真的是无可挑剔。”“对我们从来没有老板的架子，每次来门店都亲自给我们订饭，带好吃的，如果我们谁家里有个大事小情，她从来都是主动帮忙，我们很多年轻的员工都叫她‘孙妈妈’。曾经有一位模特长期在孙嘉的美容院做护理，与孙嘉已然成了要好的朋友，她生完孩子后，就陷入了困顿之中。她找到孙嘉哭诉着自己的现状：体重超标、身材走样、心理脆弱，不得不告别自己钟情的模特事业，对于家庭的未来也完全丧失了信心。孙嘉像位知心姐姐一样一直陪伴她，安慰她，并亲自为她制订产后修复方案，倾尽全力帮助朋友摆脱困境；4 个月跟踪服务后，这位朋友基本恢复到了产前的状态。看到朋友重新绽放自信笑容，她由衷地高兴。

做产后修护在国内没有先例可循，孙嘉用她开拓者的特质“勇闯天涯”；而在产后修复行业稳步推进十多年后，孙嘉又一次提出女性大健康产业的联营直管模式，这在业内也是重大革新。孙嘉在事业上的眼光是超前的，但无论如何发展迭代，她始终守住了她企业的“根”。她说：“我做的其实始终是服务人的生意，无论企业做得多大，做好服务、满足顾客需求才是根本，塑造企业的品牌影响力以及行业的标准化建设都要从这个源头出发，才会立于不败之地。”一如“十四五”规划中提出“以创新驱动、高质量供给引领和创造新需求”。

择一事，终一生，秉初心，终美好。

满面笑容的孙嘉正在带领她的美好事业朝着更加美好的未来，前进！

MRS.GLOBE
环球夫人

有人说：幸福的人，总是向内修行。幸福的人生不是从天上掉下来的，而是从自己的心中长出来的，一个人的幸福，其实能够体现出来一个人的内心，你的心有多宁静，那么你的幸福就会有多深。

第 24 届环球夫人大赛芳华组冠军——唐诗珈就是这样一位拥有美丽也拥有幸福的人。

MRS.GLOBE

幸福的人总是向内修行

唐诗珈

路途初始，“美”之萌发

唐诗珈是浙江温州人，自小在深圳长大，父母都是商人，优渥的家庭条件让她自小便受到很好的教育与熏陶。

幼年时，她一直是一个很乖很听话的女孩，放学后就被接回家，很少出门，父母忙于工作，没有办法陪她的时候，她就自己在家待着，在幼时的记忆里，她和人打交道很少。“以至于现在我还有些社恐。”她淡淡地笑着说。

初中毕业后，年仅 14 岁的唐诗珈在父母的安排下被送往新加坡商学院念高中，作为家里的独生女，也是家族企业的唯一继承者，父母一直将她往商业方向培养。17 岁高中毕业，父母转而送她去英国读书。

彼时年少的她，对未来的方向还没有一个清晰的概念，在父母的安排下按部就班地往前行走着，直到一天傍晚，在英国的街头她偶然路过一家小店，找到了她生命中的热爱。

那是街角一个毫不起眼的小店，推开门，发现店主竟然是一个头发花白的老奶奶。或许是看这位老人有些孤单吧，她一边挑选衣服一边同老人攀谈起来，言谈间她才知道：老人已经80多岁了，子女都已经成家立业，老伴也去世了，觉得对于没剩多少时光的自己来讲，生活里最热爱的事，就是有人可以穿上自己设计的衣服。望着老人言谈间眼底的光芒，唐诗珈内心深处仿佛有什么东西悄悄破壳而出。后来，每次放学回寄宿家庭的时候，路过街口的那家小店，唐诗珈都会带上小蛋糕或者小甜点去看望老人，和她闲聊几句，一来二去，她和老人渐渐熟识了。

爱美是女人的天性，唐诗珈一直就是一个爱美、爱打扮的女孩。她喜欢设计，但是因为以前没有画画的功底，她对自己不是特别自信，认为考艺术学校的话可能需要扎实的功底。后来在和老奶奶沟通的过程中，她改变了自己的想法，本来她读商科还有半个学期就结束了，但是后来想通之后，直接换专业重读了一遍设计专业的预科。

她说："我觉得我参加工作之后，很难有这个时间和机会，再去用3年的时间或4年时间去学习一件自己非常喜欢和热爱的事情，然后那时候我在选择专业的时候，还是坚定地选择了设计。"能爱我所爱，才是这个时代最大的自由，能为了热爱的事努力，也才是这个时代最大的成功，能让平凡生活里充满热血的，唯有热爱这件事吧！

"你知道吗？她80多岁还会开敞篷小跑车，然后带我去吃好吃的，因为在国外只要你能开，它不限制。国外很多老人不服老，并不觉得自己是个old man，他们的生活照样丰富多彩。"唐诗珈回忆起来稍显激动地说，"如果她不跟我说'你去追寻自己热爱'，或者她没有发觉并且告诉我，我有这方面天赋，并鼓励我去学习设计的话，可能我就会一直按部就班地学企业管理了。她让我明白成为一个设计师，并不是你画画有多好，而是你的灵感，你的创作；并不是说你没有学习过，你就没有可能成为一名优秀的设计师。她给了我一种坚定的信念，让我明白碰到我喜欢的东西，碰到我喜欢的专业，一定要去为它而努力。”

后来，唐诗珈如愿以偿去了伦敦学习艺术设计，其间她与老人家时有书信来往。当唐诗珈故地重游，再次走进那家小店的时候，她才知道老人已经去世了。店里早已换了新老板，临终前，老奶奶并没有将店交给自己的孩子，而是托付给同样热衷服装设计的人并希望新店主能维护好它。

或许，这才是一种传承。从某种程度上讲，这位老奶奶是唐诗珈人生路上的指路人，她给了唐诗珈信心及勇气，让她坚决转了专业。唐诗珈很勇敢也很幸运，从人生旅途中发现自己爱什么，并能够勇敢地、努力地去尝试！

学会放下，是为了更好地前进

有时候，珍惜，是为了更好地拥有；而放下，则是为了更好地前行。

大学本科毕业后，唐诗珈曾一度尝试做服装设计。当时在伦敦，她自己注册了一个独立设计品牌，跟买手店达成了合作，但是品牌孵化时间太长，进展太慢，这个尝试渐渐夭折了。

抉择，必然是部分取决于环境，部分取决于自身。人生总是会有很多无奈，当我们无力改变时就选择接受或者释然。考虑到家里只有自己一个孩子，后来研究生还是选择了企业管理专业。

"但是我并不是说要放弃艺术、设计，我只是觉得我喜欢，热爱给了我很大的动力去学，但我没有想把它当成专业。设计这种行业它也不分年龄的，只有真的经济独立了，你才能实现自由，你才可以去选择你热爱的事情，所以我觉得任何时间段去完成我想做的事情都不晚，以后我还有很多的时间去做自己喜欢的事。"唐诗珈毫无保留地倾诉着自己最真实的想法。当你看到她真诚倾诉的时候，你会感受到，她最吸引人的地方不是姣好的面容，也不是温和的谈吐，而是那份对自己、对事业、对生活的清醒认知。"不与自己、不与生活较劲儿，不在一件别扭的事上纠缠，因为纠缠久了，会烦，会痛，会厌，会累，会神伤，会心碎"。

生活中，常有人抱怨。生而为人，总会有人生的高峰低谷，总要体味人间的悲欢离合，其实，很多烦恼和心累都是庸人自扰。

放手，也是成全她自己。后来，在思女心切的母亲的劝导下，她回国接手家里投资的一家致力于医疗美容和大健康的企业，任总经理。或许是自小对“美”的追寻加之后来出国期间对设计专业美学的系统培训，在她骨子里种下了对于美的敏锐感知，工作没多久便越来越得心应手。

“管理医疗公司，虽然是‘被迫性’的选择，我也从来不会去抱怨。可能在别人的眼里没去设计服装这是个遗憾，可是其实我觉得我已经非常有福气了，真的是个幸运儿。父母给予我良好的教育，为我准备好一切，还有什么好抱怨的。我经常这么想，所以我觉得一切都好，我也有我的责任和使命，交给我的事情我就努力踏踏实实地做，我尽量把这个事情做好。”

医疗美容能在一定程度上满足女性对美的追求，在某种程度上讲，这与服装设计有着异曲同工之妙，都是在传播美以及美好的生活方式，就像一首歌曲，它或许是缓慢流畅的旋律，或许是安静优美的独奏，抑或是恢宏浪漫、慷慨激昂的协奏，但不管何种形式，都是在谱写一曲曲曼妙乐章。

漫漫人生路，每一个从心出发的选择，都能在温柔的岁月里求得圆满，即使隔着星辰大海的遥远，也不必纠结是做别人眼中的“自己”还是内心里的“自己”，

做自己的意义就是做好自己。她从身边的前辈身上汲取经验与力量，随着困惑、迷茫逐渐散去，她欣然接受生活所赋予她的一切，不断精进，不断突破。唐诗珈内心的丰富和充实也让她对世事越加自信与从容。

“其实中国高净值人群要找到好的医疗资源是很容易的，她为什么选择你，主要取决于服务细节，比如说，客户在美容的时间段需要去接孩子，我们就会派司机把她的小孩接过来，然后给她准备好茶点，准备好晚餐，做管家式的定制化服务，给客户最舒适的体验。”唐诗珈说。

两年的从业经验，伴随着一路积累和精进，已然使她能足够从容、足够智慧地面对管理者的职责、生活中无处不在的选择与决策，她也在从业过程中获得了自我认可。越来越自在的她并没有打算停下来，而是继续在这条赛道上，追求着更宏大的目标。

细想一下，她身上似乎总有一种强大的气魄，稳稳地扎在那里，还有眼神里流露出来的豁达与谦逊。生命的温度，在于灵魂深处的渴望，不管以何种方式，她都在努力实现自己的梦想与希望。

岁月清欢，心中有光

如果拿去企业管理者的头衔，把工作强韧的外壳剥离下来，留下生活柔软的内核，那么，唐诗珈日常到不可思议：除了职场游刃有余的这一面，她也是孩子的母亲，丈夫的妻子，父母的女儿，她需要切换不同身份，来应对生活中的琐碎与责任。

著名作家林语堂曾说：“幸福人生，无非四件事，一是睡在自家床上；二是吃父母做的菜；三是听爱人讲情话；四是跟孩子做游戏。”

这四点，她现在已经全部拥有。在英国留学认识了现在的老公，两人都非常喜爱音乐，回国后两人便结了婚，彼此恩爱，如同春光滋养万物生长一般，适宜的成长环境和幸福滋养着唐诗珈的风韵、衣品、谈吐、气质。

2020 年她斩获第 24 届环球夫人大赛中国总决赛芳华组冠军。那次大赛，当屏幕上出现了她的照片，意味着唐诗珈在众多候选夫人中脱颖而出，感动瞬间便涌上了她心头，她可能一辈子都会记住，一个好的奖项带给人的那种心灵撞击。

即便是此刻回忆起来，唐诗珈依然难掩激动，她的成就感来源于让整个世界看到女性之美的力量。而未来，唐诗珈也希望能以环球夫人为榜样，让更多新的夫人得到展示自己的机会，去呵护女性力量，帮助她们完成追求美的梦想，这也是她一直的追寻。

当问到为什么参加环球夫人大赛，唐诗珈说：“东方女性的优雅、成长和蜕变，在形、礼、艺、智、品五个维度，我希望更多女性在家庭和社会中起到更加积极的作用。我想‘美’对每个女人来说都是至关重要的，它是一生的祝福，也是女人一生的追求。”

环球夫人赛事，可以带领着更多的成熟女性成为有爱心、智慧、美丽，有成就的“夫人”，让她们知道，当一个女人进入了婚姻，走入了家庭，有了孩子，不是只能扮演着相夫教子的角色，不是只有围着锅台转、孩子转、先生转，只要你有梦想，一样可以自信地走向自己的绚丽舞台。

唐诗珈表示，随着时代的发展，随着女性独立意识的崛起，以男性审美、男性观念为主的价值观已经发生了很大的转变，撕下过去“女性拥有青春不老的容颜”才符合这个社会对女性之美定义的标签，取而代之的是寻求女性自我价值的归属与诠释。每一个女人都渴望自己变得更完美，但由于工作压力、家庭责任、生活琐事逐渐磨灭了许多女性美丽的光芒，本真的自信。而在这次大赛中，她见证了时光历练下，每一位夫人真实、沉淀、优雅、无畏、自信、美好的模样。

在她看来，每一个有阅历的人都会经历各自的高光与低谷，悲欢与离合，但更重要的是自己的成长以及时间给予我们每个人的思考。好心态，是治愈一切的良药！最好的医生是自己，最好的药物是自己的心态；好的心态将成为快乐的源泉，也是你战胜一切不好因素的利刃；首先认识自己，爱自己，再热爱世人，最后世界一定会回报给你意想不到的温柔。

奥黛丽·赫本说：女人的魅力不在于外表，真正的美丽，折射于一个女人灵魂深处。

真正的美丽从来不在外表，而是灵魂深处的高贵与优雅。正如智者所言：有一种女人，站在那里就是风景，自带故事，低头就是一首诗。

气质与时尚，从来都无关岁月，唯关乎内心。作为本书收录的最年轻的环球夫人，唐诗珈庆幸能够来到环球夫人这样为女性形象气质和全面成长赋能的平台，共同为女性的成长蜕变做出一些自己的贡献。她表示以后会以更加开放包容的姿态去面对这个世界，并且尽可能地多学习。

透过她自信的言语，我们看到了女性独立成长的魅力和强大优雅的气场，这些无疑都是每一个普通女性向往和想要到达的远方。

或许正是这份向内修行的好心态，给了她去实现关于生活、关于梦想、关于人生价值的更多可能，她的生活才会显得那么明媚而可爱。

MRS.GLOBE
环球夫人

女人的美丽是跟着年龄成长的。

五十岁的人，看过了人世繁华，历经了坎坷沧桑，脚步悠然，心中自有分寸，不汲汲于进退，独守内心一片宁静。

走过了少女的青涩，引领一个家族的中兴；极尽妻子的相扶之责，在成为人母的历练中，愈发优雅；在家庭和事业的塔尖上舞蹈，尽显芳华；与纷乱复杂的世界握手言和，把自己活成最通透的模样。

MRS.GLOBE

敏而好学　继往开来

汪继敏

积善之家，必有余庆

20世纪70年代初，汪家最小的女儿呱呱坠地，父亲给她取名继敏，寓意“敏而好学，继往开来。”

父亲身为教育工作者，如同“灯塔”一般，总是为汪继敏指明方向。如果让她形容父亲，那就是“心存美好，乐善好施”，哪怕自己的情况已经很窘迫了，他还是愿意去帮助别人。“记得上高中的时候，有一次有两个人找到我家来报恩，说我父亲是他们全家的救命恩人。”汪继敏说，“父亲此前在自己已经非常困难的情况下接济他们，还救了他们的命。而之后我向父亲求证时，父亲只是点点头淡然一笑。”父亲的善良和豁达让汪继敏时时感受到强大的精神力量。

如同父亲一样，汪继敏的母亲也有一颗金子般的心灵。母亲家传有治病的绝活，但看病救人却从不收取分文。有人发烧了或者身体不适，会跑几十里路来求助，母亲定会立即竭尽全力医治；母亲治疗眼疾也是远近闻名，在那个医疗并不发达的年代，母亲给了太多人希望与温暖。母亲还在饥荒之年，用外婆特地攒下来给外孙、外孙女的仅有的两块玉米饼，救活了隔壁奄奄一息的母子俩。

“积善之家，必有余庆”，善良的家风能够潜移默化地培养孩子心灵内在的宁静；父母的言传身教，在汪继敏心中种下了善良的种子。

1980年，全家迎来了改变命运的好消息：父亲终于恢复了身份。那一年汪继敏还年幼，比哥哥姐姐们幸运的是，她更有时间和机会为家族一搏。孝敬父母，关爱亲人的愿望在那一刻已经坚定萌发。

过去很多家庭是重男轻女的，但汪家却不是这样。汪继敏的奶奶熟读四书五经，知书达礼；博学多识的父亲，言传身教汪继敏要独立，要有自己的思想，用长远的眼光去看待这个世界。

“我小时候印象里特别深刻的一件事情，就是和父亲一起在家后的山坡上扦插玫瑰花。”第二年，漫山遍野的玫瑰花竞相绽放。那时，她是花丛中笑得最灿烂的小姑娘。父亲的爱是那么温淳深厚，经历磨难依然用心热爱生活热爱大自然，这是汪继敏后来笑对一切困难的精神食粮。汪继敏在 20 世纪 90 年代初怀揣梦想也来到了省城，踏上了父亲当年的求学之路，从此开启了求学、创业之旅。接下来的日子不管开心还是失意，她都会想起那片盛放的玫瑰，这时心里就会感到喜悦宁静，一个女孩年幼时的理想终于开花了！

不为利欲惑，矢志攀高峰

没有一帆风顺的人生，只有自强不息的自己。

汪继敏大学毕业后的第一份工作是在商贸公司，短短一年的时间便从行政升职为办公室主任，在各方面能力得到锻炼的同时，也为她之后的创业打下了坚实的基础。也是在这里，她认识了自己的另一半，从此携手相伴人生路。

小小的办公室装不下她的理想，3 年后，25 岁的她和丈夫踏上了创业路。每个人的创业之路都是崎岖不平的，她亦然。从最初的通信工程行业，到之后的服装定制行业、建筑装饰行业……一路走来，坎坷无数，每一份成就都来之不易、每一次突破都让她欣喜。当她事业有所起色之时，她便购房置物安顿父母，并把亲人们接到身边，妥善安置，免除他们的后顾之忧。

多年商海沉浮，不是没有遇到过困境，但正如她所说，“困境是另一种希望的开始”。量的积累才能达到质的飞跃，随着年岁与阅历的递增，她和丈夫的事业开始蓬勃发展起来，他们的建筑工程公司在业内获得极大殊荣，口碑极佳，不仅成了民企纳税大户，还主动承建了许多回馈社会的扶贫工程。

在经济积累的同时，她没有原地踏步，而是准备在人生的多条赛道，闯出自己的新天地。

让都市人拥有一个田园式的居所，是汪继敏自己的理想。在她看来房子不仅仅是肉体的居所，还是心灵的港湾，而房车作为“移动的家”，更是惬意非凡。由此，她开启了“房车露营地”项目的投资。

汪继敏在成都市的第一家房车基地落户在了交通便利、风景如画的地方。这里就是一座房车别墅小镇。小区化的物业统一管理，进而形成了配套完善的房车集中营。在这里，房车前是你的花园，后是你的菜园，中间是你的家园，这就是汪继敏理想中的“三园生活”。这里一年四季百花盛开瓜果满园，看到车友们携亲带朋在这里尽享户外乐趣，汪继敏说她在这里能闻到儿时漫山的玫瑰花香。

如今，她涉猎地产、房车露营、母婴护理、养老等多个行业，参与了多元化的项目投资，且都成绩斐然。对于未来，汪继敏觉得自己还有很多事情需要去做。事业，使她突破了自己人生原有的边界，与未知的自己相遇，感受到了更宽广的世界。

热心慈善显大爱，践行公益守初心

“创业是理想，慈善是热爱”，身为一个正能量的新时代女性，社会责任一直是最重要的使命。在用心做好自己企业的同时，汪继敏不忘努力回馈社会，将企业利益与社会公益相结合，积极参与艰苦地区扶贫、教育、救灾、敬老等多个领域的公益活动。

21 世纪初，她的企业积极参与国家的电话通信“村村通”精准扶贫和乡村振兴项目。这一具有开创性的工程，却也是一个地区走向现代化、摆脱贫困所不可或缺的基础工程。汪继敏说：“再危险、再艰苦的工程也必须有人去做。我们要为边远地区完成基础设施建设，进而为实现共同富裕做出应有贡献。”

5000 米的高原上，顶着强烈的高原反应，在地势险峻、条件艰苦的无人区修路、土建、安装、施工……施工人员受伤无数。历时五六年的时间，汪继敏和她的团队终于啃下了这块硬骨头，在崇山峻岭建立了数千座基站，通信信号覆盖了几万平方公里，惠民无数。当我们国家庆贺全面脱贫的锣鼓敲响的时候，再回头看这条村村通之路，汪继敏和她的伙伴们也是其中一团闪耀的“星火”。

2008 年，汶川大地震给中国人带来的伤痛至今都让人记忆犹新。那一天，身怀女儿的汪继敏就在成都。作为四川人，面临这种浩劫她更是责无旁贷。因为有着做建筑工程的便利条件，她第一时间便组织人手出资搭建避难所，同时组织救援物资，解决了身边受困人群食宿困难；她所搭建的不仅仅是避难之地，更是抚慰人心的一叶方舟。

2020年初，新冠疫情肆虐。她在获得信息的第一时间，便火速慷慨解囊捐款捐物直达抗疫一线，为打赢这场防疫攻坚战做出力所能及的贡献。

公益在心中，更在日常。从养老、扶贫、捐款、赈灾、资助山区建设，再到组建慈善组织，甚至是临终关怀，都曾留下过汪继敏的足迹。

临终关怀这件事是人生另一种挑战，而汪继敏愿意为即将离开这个世界的人们送去最后的关爱，让他们尽可能安详地完成人生最后的一段旅程。汪继敏说在临终关怀的过程中，对无常的感悟特别深，也让自己更加珍惜宝贵的生命，尽可能多地为这个世界做些有益的事情，也希望能够影响受助者，同样参与到慈善中来。

耳濡目染，汪继敏继承了父母的善良，又将这种善良传续给下一代。她的孩子都特别善解人意，愿意去体会各种疾苦。“他们热爱大自然，热衷于环保，常常主动去收留城市里的流浪小动物，研究废旧物品的科学回收、处理，我也很支持他们这样做。”

白手起家共进退，家和圆满万事兴

从创业到公益，人生的每一步都离不开她生命中最重要的人——丈夫郑天才。年少相识相知，丈夫重情重义、吃苦耐劳的精神深深打动着她。他们曾共同经历了贫穷艰苦的岁月，也品尝到相互扶持收获的幸福与温暖。

汪继敏眼中的丈夫，侠肝义胆、吃苦耐劳、从不言败、极具开拓性和责任心，是她的精神支柱和骄傲。当年创业阶段，他们不依靠彼此的家庭，条件异常艰苦，“最困难的时候，我们连吃饭的钱都没有，他总是要让我先吃饱，宁愿自己饿着。”夫妻间惺惺相惜，认同对方的付出，如今讲到这段经历汪继敏依然心怀感动。

时光匆匆，汪继敏与丈夫已相识二十八载，彼此婚姻相伴已二十三年。她和丈夫育有一儿一女，儿女双全凑成了“好”字。两个孩子，两次生产都遇到了生死挑战，生产的艰难是每位母亲都要经历的，更难的是如何平衡家庭与事业。

事业上不折不扣，家庭中贤妻慈母，从不放松对自我的提升，优秀女性似乎总是能将自己的生活过得有滋有味。在她看来，在工作和为人处世中拥有大女人的胸怀与气度，在家庭生活中葆有自己小女人的情怀，就是最好的状态。

在汪继敏的家中有一幅丈夫用金丝楠木雕刻而成的挂屏，上面镌刻着她家的家训“勤劳　善良　诚信　健康——郑重”，汪继敏和爱人一起恪守着家训，也为儿女的成长做出了榜样。

对儿女的家庭教育，她主张“爱有声，育无痕”的教育理念，让孩子发挥天性、自由成长的同时，自己以身作则，潜移默化地施与影响。这是她从父辈那里接受的教育理念。她与孩子无话不谈，如同朋友一般，也常常鼓励孩子多提出自己的意见和想法，去说、去做、去尝试。这样的教育理念来源于她的原生家庭，“我的原生家庭给了我很多爱和鼓励，却从未干预过我的人生，我也是这样对待自己的孩子，这应该就是传承。”

万事有因果，夫人重担当

五十岁的人，看过了人世繁华，历经了坎坷沧桑，加在她身上的标签越来越多：女企业家、慈善天使、贤惠妻子、孝顺儿媳、慈爱母亲……每一重身份都被她“经营”得有声有色。

2020 年，她邂逅“环球夫人”，标签又多了一重。她亲自见证了一个女人是如何直接影响三代人，间接影响九代根。“偶然接触到环球夫人大赛，我发现这是一个享誉全球并且为女性发声的平台，公益和慈善是赛事的核心，这种理念与我十分契合。”由此，汪继敏努力训练，认真备赛。环球夫人是汪继敏送给自己 50 岁的生日礼物。“前 50 年我人生中的每一个角色，我觉得我都用心尽力去做了，而接下来，我想去尝试更多的角色，遇见更加优秀的自己。”2020 年环球夫人的舞台上这朵独具匠心地“莲”一举斩获成都赛区的优雅组冠军、民选冠军和中国区总决赛优雅组的亚军。

环球夫人的桂冠也给汪继敏的生活带来了很多变化。“我随时都会告诉自己我是环球夫人，我是有责任感、使命感的，作为女性榜样我要去带动别人、感染别人，进而让我们的世界越来越美好。”环球夫人不仅让她越来越自信，最重要的是帮助她在探寻女性力量的道路上找到了突破口，她渴望通过榜样的力量，让越来越多的女性思想独立，情感独立，经济独立，在自己的人生舞台上绽放光彩。

一心追逐梦想
终会梦想成真

汪继敏，这位拥有海般宽广胸襟的女性，感性温婉、知性平和、品位不凡，谈吐中没有一丝忧虑与琐碎的焦虑感，举手投足间流露出她强大的自信和满满的正能量。

在汪继敏的人生信条中，“使命”这两个字始终萦绕在耳畔。年幼时，家庭历经变故，在重压之下，她觉得自己必须努力改变家庭的命运；成年后，艰辛创业，相夫教子，不断强大自我，她觉得自己要扮演好上天赋予的每一个角色，让整个家族受益；时至今日，她成己达人的使命感愈发强烈，她要成为榜样，希望将美好的生活方式传播给更多人。

她的身上闪烁着许多中国传统女性的美好品德——诚信、包容、细致、谦逊、善良、聪颖、勤奋，她将传统美德融入自己的家庭生活和事业中，这造就了她今日的与众不同，也成就了一位成功的女性代表。

汪继敏的成长经历，让人备受鼓舞：只要一心追逐梦想，终会梦想成真。

从一个人到一个家，再到全社会，善心之力难以估量，善行之力造福四方。她的爱心从家庭中延伸出来，延展向全社会。汪继敏怀揣对社会的责任和大爱。她渴望通过自己的努力拓宽女性的能力边界，帮助更多人走向优秀和成功，找到更好的自己。她希望每个人的生活中都能充满鲜花与阳光，每个人的身体和心灵都能在自然的润泽下获得升华，每个人都能成为自己心底里真正喜欢的样子。

MRS.GLOBE
环球夫人

她曾是央视法治频道的记者，17年前轰动全国的一起金融大案就是她做的访谈报道。

她冷静睿智，无论在事业上还是生活中，对待任何人和事，她都保持着独特的判断和客观的理解。

她饱读诗书，知性优雅，不仅专业了得，在金融、法律等众多领域也堪称专家。

她面容姣好、身材高挑且衣品极佳，即使在优秀女人聚集的环球夫人舞台上，也是光彩夺目、熠熠生辉。

MRS.GLOBE

胸藏文墨虚若谷　腹有诗书气自华

曹建华

学习、工作、生活
——人生三重奏交相辉映

在曹建华的生活中，读书学习从不曾间断。

1999年，走出大学校园的曹建华如愿成为中央电视台法治频道的一名记者。洞察与思考的天分仿佛是与生俱来的，让她在工作中十分出色，当然，这还得益于她从不间断地学习社会学、法律、心理学……一切在工作中可能碰到的知识，曹建华都会涉猎并做到相对专业，“这样在工作中遇到各种问题总能找出独到的思维角度。”

“记者成就了我的事业，在工作中接触的被采访人决定了我的维度。每次采访的案件当中都有不同的人、不同的事、不同人的命运围绕着你。反反复复，周旋在这些不同命运中，就有很多问题让你去深思，让你去思考，在专注业务的过程中获得成长。”曹建华说，刚毕业就能站上央视这样的平台，遇见各种性格类型的人，上到高官，下到百姓，同每一个人的遇见，都是一次难能可贵的成长。

15年法治记者的磨砺，让曹建华更加了解社会，也更加通晓人性。在漫漫长夜中，她喜欢在台灯下与书卷相守；在字里行间，她时而能获得一种超脱现实的轻快，时而又能找到解决难题的方案。与书相伴的生活，从上学到上班从未停止。生活中没有书，对于曹建华来说是很难想象的事情。她的座右铭就是，遇到人生困惑就看书，遇到心累就旅游。

亲身体验一个法治社会的蜕变，对于一位年轻的女记者来说是一件看似过于沉重的事业；社会的转型发展，与个人的成长轨迹交织在一起，曹建华在其中找到了自己的位置和价值。实际上，对于曹建华来说，或许可以选择一种更加轻松的职业，选择一种在常人眼里更加惬意的生活。然而，一桩桩牵动着正义神经的法治事件正在发生的时候，曹建华第一时间赶到现场，秉心感受，还原事实，公正报道，践行着一位媒体人的责任和使命。

曹建华说，采访使她对于人性有了更深层次的思考。“一个人或许可以轻而易举地从技术层面去实施违法行为，但是很难从道德良知上做到问心无愧。”从某种意义上说，法律不仅仅给了违法者以惩戒，更是给了他们自我救赎的机会。

还有一件在曹建华内心留下深刻印象的案件，“那是一桩未成年人盗窃案，弟弟为了给考取大学的哥哥‘凑’学费，在打工时盗取了老板钱包里的5000元现金；当弟弟带着钱赶赴哥哥学校的时候，哥哥毅然将弟弟交到了警察手里。”这是一桩犯罪事实清晰的案件，却隐含着人与人之间伦理与道德层面的矛盾。作为一名记者该如何报道这一案件呢？曹建华想要的是既能够惩恶扬善，又尽可能不影响这个弟弟的未来。在诸多备选选题中，曹建华反复思量，最终选择了“哥哥‘大义灭亲’，弟弟幡然悔悟”的视角，就是这个视角舒缓了弟弟在看守所沉重的心理负担，虽然他以一个犯罪嫌疑人的身份被关在看守所，但是在看守所的日子里并没有让他丧失对生活的信心和希望。因为形形色色的犯罪嫌疑人都被弟弟的这份铤而走险的兄弟情感动了。

曹建华说，在采访过程中，她之所以要这样选择，是因为这个少年不知道少年犯的这个污点会让他付出什么样的代价。有一些少年犯很容易成为惯犯或累犯，而他们持续犯罪会给社会造成更大的损失，为了避免这些事情的发生，在情理和法理之间，曹建华从情理这个角度切入。更重要的是因为弟弟平时没有任何不良行为，之所以作案是因为哥哥急需学费，弟弟的助人心切，导致了犯罪行为；偷钱得逞后，他没有挥霍一分钱，一路东躲西藏从河南跑到上海，选择费用最低的交通工具，把钱带到了哥哥学校……曹建华对于角度及细节的把控，引起了社会上广泛的对于案件的讨论和声援，而最终审判结果是弟弟判刑一年缓刑一年。曹建华以法为度，同时彰显了人文关怀。

曹建华说，法律于她是一种信仰，但在法律之外，她则会更多地思考人性，并在生活中获取智慧。当曹建华步入婚姻的时候，她与第二次婚姻法修改草案不期而遇。为配合宣传，曹建华参与制作系列节目，反反复复在跌宕起伏的案子中挣扎，认知被屡次打散又重新组合，她见证了人性的脆弱，体会了面对诱惑时人的各种心理；她游走在大是大非面前，懂得了什么该取、什么该舍，更懂得了如何经营家庭、如何维护婚姻。在一次次的历练中，她从一个青涩、稚嫩的记者，变成一名优雅沉着、光芒四射的优秀女性。

2007 年大女儿的出生，让她成为一位伟大的母亲，人生因此变得更加立体，而后儿子的出生，让她的幸福更加饱满。在制作预防青少年犯罪系列节目的时候，她看到问题少年在幼年时受到的种种创伤后意识到：人是否会犯罪往往与孩子原生家庭的养育密切相关，对于一个家庭来说，生养孩子是一个漫长、兼具辛劳与快乐的历程，稍有不慎，不仅父母以往的心血都付之东流，还会让整个家庭都陷入痛苦之中。毛主席曾经说过“好好学习，天天向上”，这是写给孩子们的，但是有一位专家在一次节目点评时说“其实家长应该好好学习，孩子才能天天向上。”就是这简单的一句话触动了曹建华，所有的职业都需要考取上岗资格证，可是肩负着教养子女这一重大责任的父母，却不需要任何培训就可以“入职”，这显然是不负责和冒险的。于是她毅然离开了工作15年的中央电视台，开始学习、研究婴幼儿的成长心理，补充自己认知中的不足和漏洞，用更多的爱和责任来陪伴孩子们的成长。

专注家庭生活，曹建华也从未停止读书、学习。她参加家长训练营，学习如何经营一个美好的家庭。家庭事务不免繁杂，不能拿出整块时间坐下来读书，那就听书吧，曹建华是樊登读书会的忠实粉丝，可能是因为跟樊登是同事，所以对此格外亲切，而且读书会关注的话题与曹建华所关注的有很多重合。

最近10年，曹建华最关注的是心理、教育和关乎幸福感方面的书籍。结合书籍和自己工作、生活的经历，不安于现状的曹建华，又有了自己的想法。机缘巧合下她走进了金融领域，从此开始学习深耕，她力求用她所学的知识为更多的家庭规避风险，享受更加自由的生活。这个起点将她积累的智慧和方法，转化成促使更多家庭走向祥和的通道。

小我、大家与世界
——由内而外构建和谐生态

幸福的生活，除了家庭美满之外还应该有点什么吧？

海子写道：“从明天起，做一个幸福的人 / 喂马，劈柴，周游世界 / 从明天起，关心粮食和蔬菜 / 我有一所房子，面朝大海，春暖花开……”是的，获得内心的幸福除了要关心自己、关心家庭，还要关心我们生活着的这个世界。

在电视台做记者的时候，曹建华曾经深入到甘肃天水的山区采访。天水，实际上饮用水资源十分匮乏，“那里的人 30 多岁基本牙就掉光了，饮用水上漂浮着一层杂质，想要洗脸、洗澡就是奢望……”这次特殊的采访经历，让曹建华铭心刻骨。一次深刻的体验会改变意识，意识会改变行为。回到北京后她就彻底改变了自己的生活习惯，节水、环保成为她的日常。

2021 年 12 月初，一部名为《梭梭草》的院线电影分别在北京和呼和浩特举行了首映式。这部影片是以在大漠戈壁播绿治沙的典型人物事迹为原型改编创作的故事片，讲述了呼和老人常年扎根戈壁大漠，通过多年的经验和顽强的努力克服种种困难，抢救梭梭林的故事。影片播出后，人们对于梭梭草的神奇“功效”有了全新的认知，更为保护梭梭林的主人翁的坚守所打动。

而这部影片幕后的投资人之一就是曹建华。说起拍摄影片的初衷，曹建华说：“2018 年，北京电影学院张杰勇老师的电影剧本《梭梭草》获得夏衍杯优秀电影剧本一等奖，与剧本的不期而遇，引发了我们要将故事搬上银幕的决心。”“拍摄过程是很艰苦的，要在戈壁沙漠中实景拍摄，条件非常恶劣。”曹建华说，“拍摄过程也很令我感动，因为是环保公益题材，只有三名演员象征性地拿了一点报酬，其他所有演职人员都是无偿奉献。”

在电影拍摄的过程中，曹建华还特意让自己的女儿和外甥参与创作并出演了其中的角色。孩子在风沙中感受到了生活的艰辛，也对于当下的生活有了更多的思考。“虽然他们只是参演了电影中的某些片段，但是整个拍摄过程中的成长和见识，却让他们收益良多；当电影正式放映时，他们也为自己能够为环保事业做出一点贡献而感到很骄傲。”

影片经过一年多的摄制，终于在2021年这个对人与自然的关系有着深度警醒的年度上映了，曹建华和孩子们将永生难忘：在阳光下把自己晒黑以符合角色的晓光老师；为了拍摄这部没有报酬的电影而推掉其他商演的蒙古族演员巴德玛；将自己住所还原成主人公当时生活场景的当地老百姓；还有许许多多为了这部电影而默默付出的演职人员。

而就在正式放映前的六个月，《梭梭草》的主人翁原型溘然辞世。曹建华说，没能看到影片在院线上映对于老人来说是一种遗憾，但电影艺术让老人的形象在大银幕上获得了永生，让他梭梭草般的精神激励了更多的人，对于他老人家来说也是一种慰藉吧。

在曹建华看来，拍摄《梭梭草》不只是完成她一个人的心愿，她希望优秀的文化产品能够与当下的社会环境相适应，用老百姓能够接受的方式来“讲故事”，她也希望通过电影的传播效力影响更多的年轻人。

母亲、女儿、“夫人”——相映生辉 彼此成就

参加环球夫人大赛对于曹建华来说也是全家人的活动，不看重结果的曹建华得到了公众的认可，获得了 2020 年第 24 届环球夫人大赛京津冀赛区优雅组冠军、中国区亚军的好成绩。

曹建华回忆自己参加环球夫人大赛全国总决赛的时候，正是罹患癌症的母亲要开始进行第三轮化疗的时间。第三轮化疗对于患者来说可谓是极其重要的一次，面临着白细胞持续下降、病情瞬息转变的可能，曹建华第一想法是陪在母亲身边，与母亲共渡难关。

但母亲得知曹建华即将参加总决赛的时候，却坚定地要求女儿去参加比赛。“参加比赛是你的事儿，做化疗治病是我的事儿，咱们都要努力把自己的事儿做好。”“当生则生，当走则走，不贪生，不惧死，出入自由，万事皆有规律，不用纠结。”母亲还说，“我没有表达能力的时候，不要迎合任何人的感受来决定我的终点，允许离开是最大的尊重，我本知晓，本自具足。用尊重来提升生命丰盛的质感，没有遗憾地走向另一段旅程，在体现爱的时候，很多人只知道不舍，但是爱也分觉悟的爱和盲目的爱，而家族更需要看到觉悟的爱，如果有这个觉知，即使父母此时已经没有意识，生命底层也是圆满的。如果你能懂我，我将含笑而去，反之就是无效的折磨。”无谓的消耗，最终体验的就是负担，母亲用淡定的态度探讨传递了一个深刻的话题。读懂了母亲的深意，曹建华有所醒悟：这个时候与其陪在

她身边，放弃总决赛的机会，让母亲心怀遗憾，倒不如努力去参加比赛更能够让母亲安心治病。

想到这，曹建华迅速安排好了母亲住院化疗的一切准备工作，然后订了飞往深圳的机票。“尽管晚到了两天，贻误了一些赛前的训练，但还是取得了令人满意的成绩。”曹建华说，“哥哥告诉我，那一天，母亲一直在观看比赛直播到很晚，一边看，一边笑……”就在我们走台的时候，哥哥说：“母亲都是挺直了腰看的。”

这个世界上，似乎没有什么能比母女俩相互成就更加珍贵，而在曹建华的心里，妈妈才是环球夫人的桂冠上最耀眼的那颗宝石。在曹建华的内心，一个女人是一个家庭的灵魂人物。母亲的坚韧与独立深深地影响了她，而她也在潜移默化地影响着下一代。曹建华说：“一代代优秀的女性传承着勤劳、善良、智慧与美丽，而夫人之名则是这些美好精神的代称，这一称谓让女性变得更加高贵而夺目。”

爱出者爱返　福往者福来

阅历丰富的曹建华给人的印象总是是优雅端庄，由内而外地散发着知性和自信。“终身成长”是曹建华的追求，也是她对所有女性的建议。她说：“不管在哪方面，我们都不能处在一个停滞的状态，工作也好，生活也罢，它会成为人向上的自驱力，会让人变得更加美好。”

数十年来，曹建华坚持打球，除了健身之外，更是练心——持之以恒的定力、随机应变的判断力、不分彼此的协同力。

曹建华多次说道：“生而为女人，在每一个阶段都不要轻看了自己，不要错过任何一个阶段的使命。”包括犯过的错误，只有认真对待错误才能成就明天的自己。曹建华习惯用心感受生命，并将自己的感悟分享给更多需要的人。她说，从一个女孩成长为一个女人，她很幸运，尽管在生活中遇到的问题与父母曾经告诉她的认知有很大差异，但她还是通过努力找到了自己生命的支点；而现在，她有一个女儿，她希望让自己的女儿多长知识，少走弯路；推己及人，她也希望更多的女性能够拥有属于自己的美好生活。

曹建华习惯用爱与世界沟通，并在力所能及的范围内将正能量传递给更多的人。剩菜打包、节约用水、绿色出行、减少重复，这些小事成为一种习惯，并影响着全家人。拍环保题材的公益电影，也完全没有营利目的，而是希望通过这种传播途径把励志的故事告诉给更多人。

关心青少年的成长、关心女性、关心家庭，同样关心经济、社会的健康发展，从小我到大家，曹建华的心中定是充满大爱，否则，在庞杂的生活中，她不可能举重若轻，不可能帮助一个又一个人、一个又一个家庭获得幸福、自如的生活。

MRS.GLOBE
环球夫人

“初心，能让我们保持纯净；能让我们即使身陷泥淖，仍洁白无瑕。来时是赤子，归时莫忘仍怀一颗初心。”史铁生的感慨在如今越发成为很多人无法企及的生命高度。

刘佳身上显现出的正是这样一种赤子之情。她忠于初心，拒绝被世俗浸染，要用艺术之美装点世界；她的纯粹让人感动，她的专注令人赞叹；她正以不断自我突破的勇气，为人生增添了更多绚烂之色。

MRS.GLOBE

初心不改　艺得始终

刘佳

为梦想而倾尽全力

刘佳，1990 年出生于安徽省芜湖市一个普通家庭；如今，他们一家五口生活在北京，三代同堂。能够照顾父母，守着孩子，这对谁来说都是美满幸福的事儿。但在这幸福之前，刘佳却经历了一段极为不易的奋斗与坚持。

27 年前，刘佳的父母作为普通工薪阶层，抱着“女孩子得有个好气质”“培养兴趣爱好”的想法把年仅 4 岁的刘佳送到芜湖市少年宫学习声乐、舞蹈。是勤奋也是天赋，刘佳的优异表现成为她的命运转折之钥。

20 世纪 90 年代，“学舞蹈要从娃娃抓起”促使很多北京的学校到各地挖掘好苗子带回培养。刘佳 10 岁时，被少年宫的老师推荐给中央音乐学院附中的老师，成为当年芜湖仅有的三个小朋友之一，获得了进京深造的资格。

一个只有 10 岁的女孩子，独自一人北上求学，什么都不懂，着实让父母不放心、不忍心；但最后，爸妈还是咬了咬牙把她送到北京。自此刘佳开始了自己独立求学之路。

父母的不易，小刘佳看在眼里，而她只能用专心学习来回馈父母的付出。从一米三七的小女孩儿到亭亭玉立的美少女，在成长的关键时期，刘佳几乎把所有精力都用在了学习上，她收获的是“声台形表”门门好成绩。在校期间，刘佳就曾多次参加中央电视台、北京卫视的春晚节目，并被选中参加了 2008 年北京奥运会和残奥会的表演。

在刘佳珍藏的照片中，有这么一张格外珍贵：一家三口在学校门前，阳光耀眼，笑容灿烂。

回想当年的少年求学生涯，刘佳直言："那段日子真的很苦。记得我刚被送到学校就想跟着爸妈回家了，但被铁栏隔开了和外面的通路，我在铁栏里面哭，我爸妈在外面哭，就这样十余年两地分离。还好我们坚持了下来。"

也正是因为这段不同于常人的经历，造就了刘佳独立自主的能力和勇于直面困难、积极向上的性格。同时，刘佳深感家人之爱的深沉，也更能够以初心律己，以专注做事。

为事业而创新转型

刘佳大学毕业后进入了北京市大兴少年宫艺术团成为一名专职音乐剧老师。作为将音乐剧带入大兴儿童教育的引领者，从改编的一场百老汇音乐剧《音乐之声》的精彩演出开始，刘佳与她的伙伴为少年宫招来了大批的学生，同时，也让质疑她“年少有为”的家长成了她忠实的拥趸，成为她第一批口碑传播者。

一份铁饭碗式的稳定工作在当时的很多人看来是非常不错的就业选择，但因一些条件所限，让刘佳这样心怀梦想的教育工作者感到些许遗憾。秉着艺术初心，想要育人成才的刘佳做了一个重要的决定：辞职创业，做分级小班授课的音乐剧儿童教育。于是，刘佳一头扎在了这个极度缺乏市场的小众教育垂直领域，而这一扎，就是七八年。

2010 年，刘佳成立了儿童剧团，她希望通过自己的努力将音乐剧的魅力传递给更多的孩子。

想法很好，做起来难，音乐剧培养的是孩子的综合音乐素养，对于老师的要求非常高，很少有综合素质过硬的人才。师资成本高、市场认可度低、招生难是摆在这个白手起家的年轻人面前的大坎。在最初的两三年里，剧团一度处于亏损和基本持平的状况。即便如此，刘佳也没向现实妥协，不降低教学质量，而是以口碑渐渐打开了市场，以实际的教学成果获得学生的认同。

从只有薄薄一页的地推 DM 单到几十页的精美画册，宣传册的变化见证了刘佳这些年对中国儿童音乐剧的传播和普及所做的杰出贡献。

让“特殊”变为“出众”

在刘佳的学生中，有这么一批特殊的孩子。他们可能是别人眼中的异类，家长心中的痛：类自闭，类多动。在其他教育机构中，老师的一句“闭嘴听讲”可能会让他们更加封闭，而在刘佳的课堂上，这些孩子被鼓励得敢说敢唱敢表演。慢慢地，他们可以加入与周围人的互动中了，并往往能展现出不凡的表演天赋。他们在自由地与灵魂的对话中，学会了与自己的不足和解。能够让孩子们真正受益于音乐剧，成为刘佳最自豪的事。

“当你足够优秀时，就会吸引更优秀的人。”作为少有的音乐剧儿童教育机构，表现优异引起资本的关注。投资人建议刘佳扩大学科范围，纳入诸如美术、乐器等其他兴趣班培训，把平台做大。这个建议遭到了刘佳的拒绝，因为“大必不精”。

不论何时，刘佳都没有忘记自己的初心，她专注而专一地对待自己这份“让更多中国孩子受益于音乐剧”的情怀，也就是凭着这股专注，刘佳的事业一路向前，不仅培养了近万名优秀的音乐剧学生，还成功举办了国内首届“中国儿童音乐剧高峰论坛”，得到了全国各地专家的大力支持和行业的认可。

2018 年，刘佳迎着机遇转型，较之前更进一步，投身“中国小歌星”的定制化培养中。在最易成才的年纪挖掘孩子的音乐天赋，为孩子留下一份珍贵的童声纪念，为中国新儿歌输送新的血液，服务儿童教育，培养音乐人才，这就是刘佳终身奋斗的事业。

为真爱而彼此成就

每个成功男人的背后都需要有一位优秀的女人，反之亦然。

刘佳与丈夫何艺文，他们一个心性纯粹、温润恬淡，一个充满热情、乐于折腾。相同的行业，类似的境地，让两人有不少共同的话题，在远离家乡的异地，相互扶持的16年间相知相许，灵魂相依。

“震撼！”是观礼者对二人婚礼的形容。聊起6年前的人生大事，刘佳记忆犹新——因为刘佳是Hello Kitty控，所以丈夫为了满足妻子的少女心，为花童们定制了形似童话人物的礼服：女孩子是粉色艾莎公主裙，戴皇冠和头纱；男孩子是白、粉搭配的小西服。在婚礼现场，100多个华服花童拿着手捧花，可以想到当时的场景是多么梦幻与壮观——2015年，在亲朋好友的见证下，这对新人喜结连理。次年，儿子“七七”在爱的包围中加入了这个家庭。

现如今，当年参加婚礼的小花童们都长大了，他们的弟弟、妹妹也陆陆续续成为刘佳的学生。而与这份教育上的传承一致的是，刘佳与爱人的情意在生活与事业的耦合中愈加深厚。可以说是，一人之业，全家支持。

互相鼓励与成就，平淡生活中溢满爱情，在刘佳与她丈夫身上，展露出了婚姻最美的样子。在刘佳看来，爱人与她的契合与互补让她得以在繁杂世事中忠于初心，更专注于自己心之所属；爱人的鼓励，也让这个对名利淡然的女子的人生变得有趣，在时不时与自己的较劲中得以突破而更加自信。

为初心而勇往直前

创业初期，年轻的刘佳怕自己有限的精力无法深入培养好每一个学生，因此，她专心致志，拒绝外界诱惑，专注做自己擅长的事。

圈子与爱好相对单一的刘佳，工作之余只热衷于与唱歌和舞蹈相关的事，且特别排斥演戏。后来经过多种尝试和突破，刘佳冲破了内心阻力，参演了电影，并在其中一场激烈打戏中突破自己安静、感性性格的不足，完成了剧情的演绎。

至此，刘佳的演艺潜能被激发出来，陆陆续续又参演了《追梦少年》《小小校长》《女神联盟》《蓝色蝴蝶结》《超女足球队》等多部剧作；随后又受邀在各种时尚活动和明星演唱会中担任演唱嘉宾等，事业上的突破让刘佳更加自信。

2020 年，事业有成的刘佳受邀参加环球夫人大赛。原本只想参加北京赛区评比的刘佳在荣获“北京赛区季军”并入围中国总决赛后，并没有做好再进一步的准备，但在爱人的鼓励下，刘佳再次突破，在全国众多优秀夫人云集的舞台上，以傲人的姿态和状态获得了“最具活力夫人”称号。

在这场难得的“夫人之旅”后，刘佳完全被这个平台征服了。在这些参赛的优秀女性身上，刘佳感受到了无比巨大的正能量，这让她在几个月间快速成长，眼界更宽了，格局也更大了。为了让更多优秀女性被发现，今年刘佳被选任为新一届环球夫人大赛秦皇岛赛区执行主席。她致力于通过自己的努力与更多“夫人”共同成长，建立女人互助的生态圈层，向全社会传播“智慧、美丽、爱心、成就”。

生活上，丰富多彩的“圈子”间的交流让刘佳在思想碰撞中变得更加博学。事业上，“环球夫人”的殊荣也扩大了刘佳的知名度，让她不管走到哪里都倍加受人关注。比如，在大健康领域，就有不少的事业伙伴把她当作名人、榜样、健康与美丽的代言人。刘佳也说健康是美丽的基础，她要以美丽之名，为更多人带去健康，而最为难能可贵的是，刘佳宝贵的品质并没有丢失，她一如既往地专注当下，忠于初心，奋力前进。

如今，每日都比昨日更夺目的刘佳，因为被认可，所以更自信。刘佳说，只要将这份对初心的坚守沉于内心，哪怕静置一隅，也会拥有坚定不移的力量。

为生活翩然而舞的美丽精灵

在沧州和伙伴们刚刚完成电影《篮球少年》的最后几场戏的拍摄，刘佳带着孩子们匆匆从沧州返回北京后，也没能休息，她说“为了将孩子们最有活力的一面在大银幕上表现出来，我还有很多工作要做。”

刘佳说：“我最喜欢做的事就是在孩子们面前翩翩起舞、教孩子们翩翩起舞、带孩子们翩翩起舞、看孩子们翩翩起舞……”

20 多年来，刘佳从一位儿童舞者，成长为一名少儿舞蹈教师，一位致力于儿童音乐剧创作和编导的文艺工作者，同时又活跃在舞台与屏幕的歌手及演员。

每个人开始自己职业生涯的年龄各不相同。对于刘佳来说，4 岁开始就已经开启了自己的职业之旅，从童星到明星，舞台就是刘佳工作的地方，她的使命就是将艺术之美奉送给广大观众。台上几分钟，台下十年功，对于刘佳来说正是如此，刘佳回忆说，当年与她一同被选入中央音乐学院的小同乡，最后只有她一个人坚持了下来。

刘佳对于儿童学习舞台艺术的“痛点”有着清晰的认识，她知道每一个孩子的背后都是一个家庭的期待，因此，她也极其负责地对待每一个学生。从少年宫到自己主理的艺术学校，刘佳始终把孩子们素养的提高放在首位。她说，学习儿童音乐剧对于孩子们的综合素质的提升有很大帮助，但是因为儿童音乐剧的教学要求很高，实施难度大，所以过去很长一段时间这个领域在中国都是空白。

在过往多年的教学实践中，刘佳发现儿童音乐剧对于孩子的创造性、自信心、表现力，乃至审美情趣都起到了积极的促进作用。“有些相对极端的体验，让我印象深刻，比如自闭症的孩子、多动症的孩子，他们在音乐剧中的表现往往出乎意料。”

在专业领域刘佳最关注的是孩子们的成长，在慈善之路上，刘佳也格外关爱儿童。刘佳说自己过去就很喜欢孩子，现在做了母亲，对于孩子的感情就更加浓厚而深切，她希望通过自己的努力让周遭的少年儿童都能够健康快乐地成长。“孩子是未来的主人，是中国文艺走向世界的希望。我能做的就是帮助他们架设一座桥梁，让他们用音乐和舞蹈与世界交流，享受生命的律动。”

正如林清玄所言：“回到最单纯的初心，在最空的地方安坐，让世界的吵闹去喧嚣它们自己吧！让湖光山色去清秀它们自己吧！让人群从远处走开或者自身边擦过吧！我们只愿心怀清欢，以清净心看世界，以欢喜心过生活，以平常心生情味，以柔软心除挂碍。”这就是刘佳这位忠于初心、专注当下、为生活翩然而舞的美丽精灵的写照。

MRS.GLOBE
环球夫人

9 点 45 分，崔百灵发了一条朋友圈：“祝我二儿平安喜乐，有所爱亦被爱，亲爱的二宝宝生日快乐！”九宫格被洋溢的幸福填满。

一大家人欢聚在一起的照片里，岁月似乎并没有在崔百灵的脸上留下痕迹，难以置信，她的大宝已经 15 岁，二宝也已满 9 岁了。

说起家人，崔百灵的欢喜溢于言表，在她看来，这些都是上天的恩赐，而她要做的就是善待所有遇见，感恩人间美好。

MRS.GLOBE

吾以吾爱抚凡心

崔百灵

公交爱情故事

崔百灵的恋爱经历，显得有些传奇。

那是 19 年前的 10 月，虽已是秋日，但那天似乎比往常都要热，与朋友约好出去逛街的崔百灵打不着车，只好乘公交车前往目的地。上车后，崔百灵就坐在了公交车的最后一排，没过两站就上来了两个大男孩，其中一个引起了崔百灵的注意。她远远地看着他，准确地说是看着他们俩中的他；也许是下意识地被吸引了，她并没有想太多，车子到站她就下了车，他们就像无数个萍水相逢的过客一样。然而故事并没有这样结束。

崔百灵没有想到，这个大男孩与她前后脚下了车，在天津最有名的滨江道，崔百灵又看见了他。但为了准时赴约，崔百灵就加快了脚步，把他们俩甩在了身后。当她和自己的闺蜜会合，从一家古老的小店走出门的时候，男孩正和他的同伴走进来，这时的崔百灵再次注意到了这个男孩，一天三次的邂逅让她有些不淡定了。

她和闺蜜吃饭的时候就聊起了这个奇遇。然而，当她们吃完饭，在商场等电梯的时候，电梯门一打开，崔百灵愣了一下，刚刚一直在说的那个男孩又一次出现在自己面前。擦肩而过时，崔百灵已经忘了上电梯，“就是他，我和你们说的连续碰到的人就是他。”她跟闺蜜说道。闺蜜也愣了一下，然后极其果断地说：“你还不追上去认识一下。”仿佛有巨大的魔力在推动，这时的崔百灵毫不犹豫地丢下了闺蜜，向“自己幸福的方向”奔去，追出商场时，她发现那个男孩也转变了方向在往回走，而他俩的目的竟然一致——认识对方。原来，男孩也对崔百灵有了心动的感觉。

他们互换了联系方式，而后约会便顺理成章成了日常，两人年龄相仿，迅速坠入爱河。崔百灵说后来熟悉了，男孩告诉她，早在相识的前一年，他们就曾有一次同时在一家面馆相邻吃过饭，而那时男孩就已经注意到崔百灵，甚至记住了她当时和朋友的对话。

“回忆起来，我确实在那家面馆吃过饭。”崔百灵说。也许这就是缘分吧。“百年修得同船渡，千年修得共枕眠。”崔百灵相信这就是自己命中注定的伴侣。而更让人兴奋的是，对方也这样认为。

交往两年后，崔百灵就与“公交男孩”结婚了，而这段公交爱情故事也成了他们共同的甜蜜的回忆。现在，他们的两个孩子健康成长，夫妇相随一起经营着美好的生活，他们彼此依然是对方生活中的主角。

亲手包粽子送给牵挂的人

临近端午，崔百灵和家人们正在忙着亲手包粽子，她说："除了自己家吃的外，还要包 500 只，赶在端午节前给寺院送去。"原来，给寺院的僧人们送粽子已经成为崔百灵每年必做的功课。每到端午，她都会和家人们一起包粽子送到寺院。

崔百灵说，寺院的师父们往往住在山里，交通不便，与外界交流也比较少。她常常会带些新鲜应季的水果、蔬菜过去，每每看到师父们开心的笑容，她的心里就会感受到莫大的满足。这种满足来自崔百灵的心灵深处，帮助需要帮助的人，已经成为他们全家人共同的行为准则。

其实崔百灵的布施不只是面向寺院和僧侣，她的乐善好施已经惠及了很多人，"前两天，我刚刚带着好朋友们为偏远地区的孩子们捐了 17 箱课外读物和文具。"这些都是她和朋友们用心选购的。不仅如此，崔百灵和老公还在甘肃省临潭县分别资助了 7 名家庭条件较差的学生，他们给这些孩子每人每月 300 元的助学金，直至他们成年。

"这个助学是直接跟孩子们的学校联系的，每个月的助学金也会通过学校发送到孩子们的手中。"崔百灵说，"我看到他们那里的生活、学习条件确实挺苦的，希望我们的资助能够让他们的生活更好一些。"除了资助边远贫困地区的儿童，身边的残障人士也是崔百灵时常关心的对象。逢年过节，她都会送上米面粮油。"希望我的爱心，能让他们感到一点温暖与快乐。"说起这些，崔百灵的双目流露出纯净而闪亮的光芒，表情欢快得像个雀跃的小女孩。

这是全家人的“战斗”

参加环球夫人大赛，崔百灵是认真的。她说自己的一个非常优秀的朋友推荐她去参赛，但当时她的确工作太忙，又有点缺乏自信，就想着放弃这次机会。“但家人和朋友们知道了，就一直鼓励我，当我了解到环球夫人‘慈善·公益’的理念和环球夫人们在全球各地开展的公益事业，我觉得非常有价值、有意义。”于是她便拿出专门的时间，认真参加培训和比赛，最终获得了天津赛区的民选冠军，并代表京津冀夫人参加中国区总决赛，用自己的真诚、善良以及绝佳的舞台表现荣膺“最具亲和力环球夫人”的称号。

说起比赛的经历，崔百灵还能感受到那份激动。“我比赛的时候好朋友都一直在支持我，还有我的家人，我觉得我不是一个人在比赛，我的心里充满着爱的力量。”

这时候，全家人都一致认为，崔百灵应该坚持下去，以她老公为首的全家人集体出动，一起来到了环球夫人的决赛举办地。她老公更是在繁忙的工作中抽出时间，陪同她到上海选购比赛服装和配饰，并亲自“押送”5只大行李箱，把崔百灵和孩子们送到深圳。崔百灵说，那一刻她已经觉得自己就是环球夫人的冠军，因为没什么比全家人的心在一起更重要了。

“我去领奖时，儿子拿着奖杯，比我还高兴；然后他回来后对我说，‘我跟我的同学吹牛，吹上好长时间，我妈妈是环球夫人，我妈妈都得奖杯了。’”

参加大赛的机缘，让崔百灵认识了很多优秀的环球夫人姐妹，这给她的生活带来了很多惊喜，也让她看到了人生更多的可能，并时刻激励着她变得更好。崔百灵说：“参加比赛后，我觉得自己变得更加自信了，不仅如此，这份荣誉也给了我沉甸甸的责任，我把这代表着光荣与梦想的奖杯放在办公室最显眼的地方，鞭策着我，事业也好，家庭也好，都要更上一层楼；同时，尽我所能，带动更多的女性朋友成为更加优秀的自己，帮助她们向上向善，获得更加出彩的人生。”

追求至善至美的脚步从不停歇

爱美是女人的天性，对于崔百灵来说尤其如此。走出校门的崔百灵并没有选择自己的所学专业作为工作方向，而是考虑再三后去学习了化妆，勤学加苦练，崔百灵很快就成为一名优秀的化妆师。

创业，做自己喜欢的事情，从小就有主意的崔百灵，向着自己的理想进发。很快她就不满足帮客人们化一次妆，她想到的是要将客人们人生中最美丽的时刻定格下来，于是，崔百灵的第一家婚纱影楼在天津面世，很快就成为远近闻名的专业影楼。因为自己特别的审美能力和与人为善的处事态度，很快一家影楼的业务量就达到了饱和，于是第二家影楼应运而生。那时候，崔百灵每天都在为美丽的事业而忙碌着，虽然繁忙，但她非常开心。直到怀上二宝，工作辛苦、妊娠反应大，让她有些力不从心，而此时先生的事业也正处于上升期，经过深思熟虑，崔百灵选择暂时放下自己的兴趣和打拼了多年的事业，回归家庭，支持爱人的事业。

崔百灵忍痛割爱，将影楼转给了自己的闺蜜，并担当起了免费顾问，她把自己的所学和资源都毫无保留地交给了继任者。她说："我希望这份美丽的事业能够持续下去，为更多的人留下一生中难忘的瞬间。"

不再为客人们化妆的崔百灵，也没有扔下这个特长。"为自己化妆啊，每天都要让自己美美哒。"崔百灵说。所以，无论在什么时间看到崔百灵，都能看到她容光焕发，崔百灵说精致的妆容是对每一个看到自己的人的尊重。

除了外表美，更要心灵美。在天津长大的崔百灵，有着天津人特有的醇厚，从小备受宠爱的独女，如今成为一个大家庭的中心。照顾长辈、哺育下一代、照顾丈夫，一大家子生活在一起，崔百灵没有感到烦躁，而是乐在其中。

有了二宝的这些年，崔百灵真正成了老公的贤内助，在家里，照顾家庭生活的方方面面；在事业上，她辅佐爱人在工程材料领域蒸蒸日上。看到天津变得越来越现代化，崔百灵也感到由衷的自豪，“这里的日新月异也有我们的一点贡献呢。”

而今，通过环球夫人的舞台，崔百灵找到了自己的精神家园，她在这个舞台上重新认识自己、找回自信、开阔眼界。越发开朗的崔百灵认为，女性具有很大的力量，可以照顾好自己、家庭、事业。她祝愿更多的女性朋友能够勇敢地从幕后走向台前，绽放自己，拥有更加精彩的人生。

阳光女孩的美丽人生

有着美丽的面孔、金子般心灵的崔百灵，是个人见人爱的好“姑娘”，每一位和她交往的人都会被她的暖意和善良所感染，“和她在一起就像晒太阳一样，全身都暖洋洋的。”

她说，她觉得自己不够优秀，比起那些叱咤风云的“夫人”姐姐们，她太普通、太渺小了，以至于被组委会推荐入书的时候还在推脱没什么好展示的。“自己太普通了，普通到就是千万天津女性中寻常的一位，似乎没什么特别励志和突出的故事可以与读者分享。”

然而，她却不知道，愈是真实，愈是有强大的力量；越是平凡，却越有榜样的作用。“人间烟火气，最抚凡人心。”崔百灵看似普通，却具有极强的感染力和治愈力。在她的世界里充满着美好与善意，她温柔地对待这个世界，抚慰着周遭需要帮助的人们，她献出的每一点爱心真心都让我们这个世界变得更加温暖、可亲。

崔百灵常常心怀感恩，与爱人的不期而遇，与家人的幸福同行，与环球夫人的美丽牵手……一次次命中注定的相遇，让她的世界变得多彩；帮扶甘南儿童、扶助社区群众……崔百灵并没有觉得是自己在单纯地付出，被帮扶群体的存在，让崔百灵更加感受到了自身的责任和价值。“我被爱紧紧地围绕着，帮助他们的同时，我被美好的事务滋养着。”

尊老爱幼是中华民族的传统美德，这点在崔百灵身上得以体现和传承；“贤惠”是中华民族对于女性的褒奖之词，用于崔百灵的身上也恰如其分。与老人们一起生活，对于现在很多小家庭来说并非易事，而崔百灵不仅没有反感，反而对长辈们关怀备至；崔百灵很知足，她觉得自己是最幸福的人儿，在她的世界里，一切都是最好的安排。

崔百灵爱美，化妆是她每天的必修课，她就像美丽的百灵鸟，飘然而至，将喜悦的声音传遍寰宇；她把美展示给全世界，也愉悦着全世界，这种无声的付出，让我们的生活在不知不觉中变得更加美好。

MRS.GLOBE
环球夫人

甘肃张掖，古丝绸之路重镇，风景绮丽的塞上江南，中国历史文化名城，定居在这座古城的除汉族外，还有 20 多个少数民族。

17 岁前的安淇，便生长于这个东西文化交汇、多民族融合的神奇之地。一方水土养一方人，葡萄美酒夜光杯、马踏飞燕、七彩丹霞……铸就了她后来曼妙绚丽的人生轨迹。

MRS.GLOBE

多彩世界　好看人生

安淇

爱美的种子悄悄发芽

安淇爱美，小时候常常偷涂妈妈的指甲油、蹬妈妈的高跟鞋、试戴妈妈衣柜里的围巾，摆出各种自以为新奇美丽的造型照镜子。那时，爱美又调皮的安淇最盼望过年，因为过年时可以买自己心仪已久的扮靓小饰品，而且大家都会穿起过年的新衣服，每个人那种开心且焕然一新的样子，回忆起来都是美滋滋的。“那时，家里有台缝纫机，妈妈心灵手巧，会用时兴的面料缝制衣服，小时候很多新衣服都是妈妈亲手做的。”安淇回忆道。

在安淇的记忆中，宝宝领的衬衫，一套带马夹的三件套小西装，是她的小学假期里不用穿校服时最喜欢的装扮。“我的姨奶奶是当地一位卓有成就的企业家，那会儿看姨奶奶穿着时尚的西服套装在她投资的工厂里开会、工作、视察，被众人簇拥着，风度是那么卓尔不群令人难忘。在九十年代的一座西北城市中，她独立自信、优雅干练的样子实在是太美了！小时候，姨奶奶是我的偶像，17 岁时第一次用勤工俭学赚的钱定制的衣服就是一套浅灰色西装，不仅因为灰色是最经典的国际流行色，而且我内心深处喜欢纯色，不得不说是源自姨奶奶带给我的关于职业女性的审美启蒙。”

看着如今留着干练短发沉稳自信的安淇，很难想象长发及腰的少女模样的她穿着灰色西服套装是什么样子。“因为穿什么都想模仿姨奶奶，如果单单看色彩，我的童年可能不像其他小女孩那样，那么五彩斑斓。”然而，在“老板装”色系中长大的安淇，却蓄积了许多对于色彩的感知与想象，这种能力在后来集中爆发了。

大学学习涉外经济兼修酒店管理专业的安淇，毕业后决定到北京工作，这座城市也是小时候姨奶奶出差时常去的城市。

安淇的第一份工作是在北京的一家五星级酒店做前台接待，专业对口，每天的工作日常是面带微笑迎来送往，一切工作流程都是标准化行为，与生俱来的优雅自信常赢得客人们认可。

大都市里最光鲜亮丽的人们在酒店里来来往往，大宴会厅总有大型会议召开，进进出出的人们有着得体优雅的装扮，他们的样子是这座城市里最生动具体的样子，观察人和接触人，是安淇标准化又枯燥的日常工作里最有意思的事情。

很快北京迎来了第29届奥运会，日复一日兢兢业业工作的安淇已成为部门经理。年轻又热爱生活的人，最怕在重复中失去生活的新鲜感和驱动力，渐渐地，当审美疲劳和职业倦怠同时袭来的时候，安淇筑起的职业堤坝一天天垮塌了。

而那个时候，建立了家庭的安淇也觉得是时候停下来沉淀一下自己，寻找自己未来新的职业方向了。婆婆极力反对，而且理由很充分；爱人没有反对，只说句我们是成年人了，要对自己的选择负责，你想好了就支持你。

前途未卜，安淇决定辞去工作，在她看来，离开一份循规蹈矩的工作并不可惜，真正可惜的是从未面对真正的自己，从不追求真正的热爱，苏格拉底说过：“未经审视的生活，是不值得过的。”既然如此，先停下一种经历过了却觉得不适合得生活也不错。

改变：不惜一切去追求所爱

未来去做什么呢？在五星级酒店工作了八年，目睹最多的就是高端商务人士和各界社会名流，他们中的大部分人都穿着考究、配饰得体，尽显翩翩风度，在不经意间就成了时尚的参与者和引领者。冥冥之中，对于形象管理的向往再次唤醒了安淇的爱美之心。人们的衣着不仅是自身的名片，也表达着一座城市一个国家的文明态度。如果身体是灵魂的宫殿，一件衣服，就是一个人心灵外延的样子，也记载了他生活的样子。

然而，安淇并不是想要开家服装店，她想弄懂服装之美与人之间的原理关系，粗浅地以个人喜好为方法的搭配太过情绪化，她更希望成为这个领域里的专家，能为很多自己欣赏也认可自己的人搭配服装、管理形象，以形象美学去影响这些正在影响世界的人。想想这个梦想不仅美好且激励人心，于是，她决定去学习。

首先开始学习的是深入浅出的工具性知识，当时时尚色彩美学正风靡时尚圈，几经辗转，安淇报名学习了相关专业培训课程。她回忆上课的经历说，“还记得那时一个班有 40 多人，老师讲到着装风格的戏剧感，刚开始我也听不懂，怕老师突然间提问，就坐到教室最后排，后来发现一些专业名词和概念并不能严丝合缝地按字面意思去理解，还是要有对生活情境和情绪的感受力，以及试着将专业知识运用到人身上。外在形象是表面的，一眼即知，难的是感知和捕捉对方的情绪审美，因为这些涉及从小所受的审美教育，以及所处的审美环境。”

昂贵的培训课程只学两类知识——服装搭配和个人形象色彩咨询，从色彩到图案、款式，让一个人在专业技术的指导下变得具有吸引力。“这个东西其实蛮抽象的，真要把它学好，需要一些阅历，那个时候还小，没有太深阅历，有些东西不能感受。”安淇说，“现在对于这方面的感受就逐渐深刻了。”

以优异的成绩毕业后，安淇开始考虑自己未来的职业走向。一天无意间看一个电视采访，一位知名服装企业董事长正在侃侃而谈，是关于人、衣服、文化的话题，安淇深受触动，查看了一下他的企业相关信息，发现企业正在招聘时尚顾问，安淇抱着试试看的态度去面试，没想到一试即中，她正是企业想要找的专业人士。

六年后，安淇成为这家公司的首席时尚顾问，专为集团高端客户提供私人衣橱定制顾问服务，为他们管理家庭衣橱，她专业的付出与认真的态度赢得了客户们的好评，收入不菲，一些客人更成了安淇的好友，他们对她的信赖犹如家人。

但顺风顺水之时，安淇又觉得不尽兴，“到后来感觉工作又千篇一律了，没有了刚开始的热情。固定的款式和产品，无法满足形形色色、有趣且更有挑战的个性化着装需求”。不安于现状的安淇，再次走出舒适区，她辞去了工作，前往日本、意大利、法国，开启了自己的游学之旅。

以美之名力促消费升级

这一轮针对性的深度学习安淇主要前往的都是现代时装的发源地：巴黎、罗马，以及以人性化服务著称的日本东京……

工作经验的积累，让安淇知道自己在专业方面需要补充哪些知识；而一定财富的积累，也为她达成这些目的提供了可能。“要去看看芬迪的博物馆和皮草制作工坊，看他们从原料的选材再到配色设计；拜访华伦天奴和香奈儿等成衣品牌面料商，去参观香奈儿的手工坊，想要去感受这些现代时尚源头的东西。”经过一段时间的学习与思考，安淇清晰了自己的职业构想。“我并不是要做独立设计师，我要了解关于服装和品牌的一切。学习色彩、学习时尚产业管理，目标是实现针对高净值人群的专业服务业态，做自由又专业的私人形象管理师。我要做的是管家式一站式完美衣橱管理，为我喜欢且接受这项服务的客人提供个性化整体衣橱解决方案。”

这项服务涉及多方面，包括着装色彩测试、款式风格测定、着装场景确认、衣橱单品数量配比、落实完美衣橱、单品利用频率回访与更新等，根据安淇的经验，从理论到实现管理衣橱有很多工作内容，充满挑战，也很有意思；“帮助客人实现他们的理想衣橱。”这一板块大大扩长了安淇工作室的供应链，使得整个衣橱管理服务更具综合性和系统化。

虽复杂却可控，厘清思路，回国后安淇开始逛起了全国面料市场和品牌成衣加工厂，并一一拜访了业内有经验有名望的品牌手工坊。一连好几周见不到人，家家里却收到了安淇从各地发回来的堆积如山的面料样品，直到安淇回家，先生说再继续收快递就准备带行李去住酒店了。“形势”所迫，一个多月后，当所有面料和样衣都陈列在丰台总部基地一处闹中取静的房间时，她的时尚管家工作室“翩翩而来”。

如今，工作室已经第六年了，“这个业态我认为最有效的还是口碑效应和私域圈层传播，专业的私人形象管理师需要匠心精神，做好持续精准的品质服务，并不适合也做不到广为人知并服务所有人。可以说开工作室是朋友们和客户需求推着往前走的，他们需要，我也喜欢这件事，顺其自然就走到今天。”安淇说道。

安淇坚持预约服务方式，每次来访的客人会被提示不要超过三位。只有这样她才能够给客人提供物超所值的一对一专业服务，帮助客人解决他们最需要解决的衣橱搭配难题与审美疑惑，并在专业引导下进行合理消费——无论在工作室购买成衣还是进行私人定制，理性消费是安淇一直倡导的理念。而军人、医生、人民教师等，在安淇的工作室总有意想不到的优惠与惊喜，虽只是一家几十人的工作室，但社会责任感却是不可或缺的企业精神。

现在工作室有一百多位高净值会员，遍布全国，安淇的团队为会员本人及其亲友、高管团队提供服装搭配与私人定制服务。安淇说：“专业部分我都会亲自把关，我希望把自己在专业领域里的建议百分之百给到每一位客人，希望客人们从我这里走出去之后都能获得改变，变得更美、更自信、更得体。”

成为环球夫人
遇见有趣的灵魂

“朋友知道我比较宅，上班下班不是在摆弄衣服就是看面料，埋头给客人们做搭配方案，她说希望我适当走出去换换脑子，便极力推荐我去参加环球夫人大赛。她说这是一个有温度有见地的女性圈子，有很多品位不错的女性，应该多认识一些这样的人，一起学习和成长，彼此照亮并能互相勉励。”

在安淇心里，和大家一起经历一些妙趣横生的故事，一起分享喜与忧，享受参赛的过程是最重要的。“任何附加的目的都会让自己的交友享受不再纯粹，从而失去了参赛的真正快乐。”

“当然，你去了之后，你的形象、审美、谈吐各方面所显现出来的职业特点是不可避免的，自我介绍再简短，大家也会知道你的工作是什么。之后如果大家被我吸引又有这个需要，我当然欢迎夫人们也能成为我的客户，这是良性的自然吸引。”

安淇不是为了比赛而走上环球夫人舞台的，名次于她无关紧要，这是一个有趣的灵魂为了遇到更多有趣灵魂的出行之旅，来到这一方世界的聚光灯下，她们笑靥如花，相携前行，照亮彼此。

这次参赛让安淇从繁忙的工作中暂时抽离出来，获得了一种难以言表的快乐。“很多人难以想象我待在工作室一待就是一天，要事无巨细处理工作的全流程，工作就是生活，生活也是工作，社交特别少。组委会执行主席李沛桐第一次见我时，了解到我的情况后当即对我说：‘这样一位美好的人儿，快来参加环球夫人吧。’”

“报名参赛后有短期的封闭式培训，特别是走路仪态，这部分让我改变很多。”安淇回忆道，“原来觉得身材好，怎么走路都好看，但是当你的仪态，你的每一个方面都被塑造的时候，你觉得还可以更美一些。”

谈到培训和比赛的最大感受，安淇郑重地说：“这个过程真的很享受，一群不断向上追求的人，都在努力做更好的自己。”

在比赛的过程中，安淇也表现出了特别的一面，她自己给自己打理发型，给自己化妆，穿自己设计、搭配的服装参赛……沉浸在参赛过程中的安淇，全然放松地享受这一过程中对自我形象信手拈来的塑造，以独立知性的态度处理每个环节，给评委们留下了深刻的印象，最终获得京津冀赛区亚军的好成绩。

“感觉过了这么长时间，再回头看这个事情，真的觉得生活变得更加丰富了。整个赛事的正能量，每个选手的积极表现和展现出的自信，都让自己产生了深深的共鸣。”安淇说，相同频率的人，让我们不再孤单，让我们感受到生活更加美好。

穿越暗夜的美丽精灵

夜深人静的时候，往往才是创意工作者最为中意的工作时间。在每一个方案和作品中，他们看到自己，犹如暗夜中的星光闪烁，那每一颗星星实际上都是一颗炙热的太阳。安淇就是这样一位穿越暗夜的精灵，她常常睡得很晚，在自己的宇宙中发散着绚丽的光芒。

这个特别的女人，难以忍受没有独立厨房和卫生间的工作空间，因为在工作室为客人沏一杯茶、调一杯鸡尾酒、准备一份精美的下午茶，既是完美的工作场景，也是自己乐意分享的生活情趣；不愿意与客人过分亲近，而恰如其分地保持着界限感；不愿意让化妆师碰自己的脸，而宁可自己装扮自己……

这个有趣的女人，喜欢在工作室的沙发上，和自己的布娃娃坐在一起与来宾侃侃而谈；井井有条地摆放着自己从世界各地搜罗来的布料样品、服饰、小藏品，每一个远道而来的物件都有着它特别的身世和故事；她善于精准地为追求卓越的客人“画像”，帮助对方更加清晰地认识自己，帮他们断舍离，从而获得生活空间的舒展和内心幸福感的生长……

在安淇的心中，有一个由来已久的愿望：她希望为客人提供贯穿终身的服务。专注、专业、专情，安淇会把客户提出的每一次需求都当作极有价值的嘱托，也正因如此，她在“枯燥”的工作中，感受到自己被信赖被需要的价值，才能够不舍昼夜地精益求精。

为学日增，为道日损。安淇并不在意自己的事业能够做到多大规模，她在意的是这个事业能够做到多高。为此，她不断地做着减法，“挑选”着“对味”的伙伴和客人；她放下负重，腾然而上，在锦绣世界向同道者播撒美的种子。

MRS.GLOBE
环球夫人

时间，对一位女性意味着什么？唐丽丽对这个问题给出了回答。

2021 年 5 月，她正式成为环球夫人长春赛区执行主席，也完成了身份的转变。

回望她职业生涯的三十多年，经历过三次就业、三次创业……起落沉浮间，她感恩一切的乐观、希望与憧憬，也接纳所有的绝望、琐碎和转折，即使世事蹉跎，一路跌宕起伏，也被她一一报之以歌。

一次次爬起、站立，涅槃重生，去重构自己的幸福，就是要让生命活得更精彩一点儿。同时，作为长春赛区执行主席，她要让吉林女人独特的文化特色之美展现在这个舞台上。乘风破浪，活出自我，关于她的故事要慢慢讲给你听……

MRS.GLOBE

三“就”三“创” 如花绽放

唐丽丽

一“就”一“创”：铁肩担当，负重前行

唐丽丽出生于吉林长春，母亲是一家企业的厂长，父亲是企业职工，家里有一个哥哥和两个妹妹，一家六口，对于那个时代的任何家庭来说都压力不小。好在父母恩爱和睦，年少的她，每天上山、下河、爬墙、摸鱼，那是一段很幸福很快乐的记忆。

唐丽丽小学毕业后，家里因为孩子多，父母一商量，就没考虑其他的了，他们觉得报考中专或者以后当个护士就挺好，后来她中专学完又在父亲的授意下考进了建工学院的一个电力专科。其实，那时的她是心有不甘的，“别人都能上高中、上大学，我为什么不能？”但回头望向父母操劳的身影，还有两个妹妹……那些想法只能止于唇齿间。1987年，电力专科毕业的她，正巧看见长春热电一厂在招聘，经过几轮考试，她顺利进入热电一厂当了一名团委干事，因为她的负责认真，在此工作期间被评为“三八红旗手”“青年标兵”。至此，唐丽丽前二十年的人生即使偶有遗憾，但也基本顺风而行。

就在她以为她的人生会一直这样安逸、平稳地度过时，家里传来噩耗——父亲被诊断出了肺癌。听到消息的那一刻，唐丽丽感觉脑子里好似什么东西崩裂了。有人说：想要击垮一个家庭，生一场大病足矣。那个时候，手术、治疗、化疗对于一个普通家庭来说经济负担无疑是巨大的，而且父母早已双双退休，哥哥在外地当兵无法归家，两个妹妹还在上学，为了父亲的医药费，身边亲戚朋友几乎都借

遍了。唐丽丽整宿整宿无法入眠，心心念念的都是明天护士又来催缴医药费怎么办。压力是动力的催化剂，能在无形中激发人的潜能，没过多久唐丽丽毅然决然地选择了辞职，放弃了大多数人眼中这份安逸稳定的国企好工作，她要去给父亲挣医药费。现在回想起来，她不由得感叹当时怎么能有这样的冲动和勇气去干这个事儿。

人生，从来都是一个跌宕起伏的过程，在你的低谷期，或许你就能遇到你生命里那个贵人。当时和她一起工作的同事杨金玲，在听闻她家的变故后，掏出了兜里唯一的五十块钱给她说：“这个钱你拿去，看看能干点儿什么。”那个时代的五十块钱，相当于好几个月工资，唐丽丽内心非常感动，怀揣着这五十块钱，她寻思着：我能用这五十块钱干什么呢？后来，她去批发市场花了三十块钱批了一大批女孩的发饰，在吉林最知名的几个大学校园售卖，晚上又去东大桥市场摆摊，这样一来每天能有个几十块钱的收入。

那时的她，根本舍不得花钱吃饭，要么啃馒头，要么对面摆摊的大姐送她一个柿子填饱肚子就好。但这些都不算什么，她最害怕的是家里打电话，那定是又要交住院费了，每当这时她就特别崩溃。这样浑浑噩噩过去两个月，唐丽丽真的没钱再交住院费了，她忐忑地去找杨金玲，希望她能再帮忙救个急。杨金玲看见再次出现的唐丽丽，简直惊呆了，眼前的这个小姑娘又黑又瘦，哪还有之前巧笑倩兮的少女身影。杨金玲说：“你这样不行，你说你现在累得又黑又瘦，挣的钱也根本不够交医药费的。听说我姐公交公司要出租冷饮水机，你去承包吧。”就这样唐丽丽签了承包三年公交公司站前广场冷饮水机的协议，父亲的看病费用终于不用愁了。

相识于微末，相扶于逆境，得友如此，何其有幸，面对杨金玲的雪中送炭和善意，唐丽丽用一生在铭记。

很难想象一个二十岁的少女，面对突如其来的生活重担，是怎样毫无怨言地勇敢承担，其中又包含多少常人无法想象的艰辛。

再“就”再“创”：追梦路上，只为爱妥协

经历了生活的磨炼，唐丽丽应该会归于安逸了吧。可是，就像她当初毅然决然地选择辞职一样，她又非常果敢地选择——再就业。她说：“因为心里总有一个梦。就像从小学毕业后上专科，就不是我想要的，后来创业做点小生意也不是我想要的，我觉得我没有实现自己的想法，一直都是为了家里的生活去做这些事儿，没有为自己而活过。”带着这样的想法，她查阅了大量的招聘信息，最后发现有研究所招聘市场经理，要求电力专科毕业，要求有从事过电力行业的相关经验，她情况正好非常符合，她就去了。

细想起来诸事皆有伏笔，父亲当年无意安排的电力专业反倒成为她多年后的跳板，至此，她的第一次创业接近尾声，二次就业开始了。

来到研究所之后，她主要负责全国的信息网络和全国各大设计院、重点工程相关的业务对接。也是在这个时间，她频频出差飞速成长，几乎是两天一个城市三天一个地方地跑，有时碰上交通不便的偏远地区，她甚至和赶集的鸡、鹅挤一辆车，那时的心酸无以言表，4 年时间，她走遍了全国山山水水，先后组建了 26 家分公司。

1997 年，由于连续多年蝉联全公司的业绩冠军，再加上唐丽丽本身的组织能力、前期的开拓能力比较突出，公司决定派遣她去成都分公司任总经理，主管重庆直辖市、云贵川、拉萨等地业务。被提拔重用，她觉得身上的责任更大了，然而，面

临的实际情况也更艰苦，刚到拉萨下飞机，她连续8天戴着氧气罩工作，由于高原反应，她的身体在那时落下了毛病，一到冬天气温零下10来摄氏度的时候她的脑袋就会疼痛。另外，他们作业的场地几乎都是无人区，电缆直线距离特别长而且有弧度，三根电缆线风一刮的时候就会相互撞击出火花，工程维护非常危险。就在这样的环境中，她坚持了两年。

世界上从来没有偶然的成功，所有光鲜亮丽的背后，都是用汗水和泪水浇灌起的堡垒，人之大能必是在大危大难中增益的，在梦想与迷茫的交织中闯荡，是那一代年轻人的必经之路。

1998年，一通电话促成了她人生的又一次转折，刚上小学一年级的儿子的班主任给她打电话，孩子的保温盒发生了爆炸。听到消息，她急急忙忙从成都赶回长春，在医院看着孩子，做母亲的心已经碎了。她突然反思：这些年不管是为了父母还是为了自己，一直在外边拼，对孩子的关心与陪伴太少了。她说："孩子的抚养和教育是一个母亲的责任，但有的时候你要承担一个家庭的责任，又要兼顾事业，很多时候就不会两全其美，这些年来，我感觉很愧对孩子。"

照顾孩子期间，唐丽丽反复思量，等孩子伤情稳定以后，她又做了人生的一个重大决定——辞职回家。于是唐丽丽到成都向当时的领导提出了辞职，所长再三挽留，不愿就此失去一员大将。唐丽丽考虑之后对领导说："要不这样吧，我在长春自己开公司，您要是觉得我是个人才，还想跟我合作，您把产品给我代理，我给您做分销，但是有一样，您得给我账期。"

两人一拍即合，就这样从下属转化为合作伙伴关系，唐丽丽重新迈入二次创业之路。她记得那是1999年，她在孩子教学楼对面租了一个商业门市，成立了公司，同时做30多样产品的代销，包括北京人民电器厂的产品、大连的应急电源、青岛的应急电源、上海梅兰日兰的产品……

创业的历程很艰辛，她一边照顾孩子一边工作，有时遇上棘手的难处，她就自己到树林子里喊两声，擦干眼泪还得继续前行。记得有一年开完年会，她坐在台阶上哭了将近一个小时，就觉得累，不想干了，差不多就行了。可她回过头来突然发现 40 多位员工都没走，站在她身后，那一刻，她知道她不能停下，每个人背后都是一个家庭，她的肩上还肩负着员工们的责任与使命。

渐渐地，公司从成立之初几个人发展到后来的六七十人，一年的产值达到三四千万元。企业发展壮大了，她首先想到的不是自己，而是这些年始终追随她的战友、兄弟姐妹，“我要把他们培养得像我一样，有自己安身立命的真本事”。于是，她教员工经营、管理、战略，送他们去学习，甚至后来，她拿出公司代理的两款产品给两位员工，给他们经营执照，让他们自己当老板去孵化。她对他们说：“你们跟我也做了三年副总了，也没有上升空间了，从能力、业务上看，你们真的都很棒，应该去试试。我愿意搭一个台阶，铺一条路，扶上马再送一程。”到如今，以前一起共事过的伙伴儿有二十多位都自己开公司做老板了，并在各自的领域有着不错的成就。

生命总是起起伏伏，所幸唐丽丽一直都是内心闪着光的人。她对抗着命运赋予她的影响，完成了自我的建立，在如此快速发展的社会里，拉着伙伴儿一起勇敢奔跑向前，用时间证明了女性的更多可能。

三三生万物
生命放荣光

中国经济飞速发展带动房地产产业兴起，唐丽丽的公司围绕着建筑业提供了很多材料，此时风生水起的唐丽丽也将目光瞄准了房地产业。她看好一个占地36万平方米的地产项目，这个项目市值估计达2亿元，于是在一位业内朋友的帮助下开始涉足房地产行业。

可好景不长，2001年5月，当时工程项目已完成将近一半，资金却严重短缺，同年5月4日，母亲去世的消息又成为压垮她的最后一根稻草，她开车一路狂奔闯着红灯回到家，可惜母亲早已没有了声息。这个痛苦对她造成的打击无疑是巨大的，她说："仿佛奋斗的目标一下子就没有了。"人生在低谷的时候，总会有一个反弹。她在床上，连续躺了15天，回首这十几年的奋斗历程，在工作中遇到的问题，她发现自己还是有缺失，在管理上、在方向上。她想去更大的平台学习。

这时，长春市最大的房地产开发商向她伸出了橄榄枝，这是一个多业态集团，她觉得她可以在这个平台学到她所欠缺的东西。于是第三次就业开始，她成了该

集团房地产业务板块的副总，负责材料采购、地产开发的前期拓展等全产业链的业务，还同时跟全国上百家的设计院对接沟通，那几年，她基本就是一个空中女飞人。

2017年9月份在高速路上，她正开车赶往上班地点，没想到突发心脏病，下高速之后就直接被送往医院急诊室抢救，诊断为二级冠心病，住了十几天院，当时真是九死一生。她笑着说："我总觉得我很幸运，可能死神知道我还有很多事没做完就把我踢回来了。但是经此之后，好似我又重生了一次，然后我觉得既然老天又给了我一次生命，我还得痛快点儿活，是不是？"

2019年唐丽丽又开始了第三次创业之路，组建了工程公司、房地产顾问公司、节能科技有限公司，至此她的人生一路高歌向前。

2020年，她又进军电子商务领域，主打男士西装高定。

2021年5月，环球夫人总部授权她为长春赛区执行主席，她说："这次做环球夫人，我觉得是我一次华丽的转身。母亲给了我一次生命，其实社会也给了我一次生命，我觉得自己从死亡边缘爬过来之后，生命需要再一次重塑，因为我前半生一直在跟钢筋混凝土打交道，这次，我要真真正正地做回女人"。

三十多年前的她，脸上带着生涩而青春的气息，三十多年过去，她身上有些东西没有改变，还是那么倔强地、毫不认输地生存着，从容、淡定，不亏待活着的每一段时光，努力活出自己想要的模样。

人生坎坷，命运究竟走向何方，终究还是要靠自己努力。唐丽丽的美没有因时光而消沉，却因岁月而沉淀。她通过拼搏，更加清晰地谱写了自己辉煌的一生。时间没有夺走她展现自己的机会，反而给了她更多的鼓励，更多的途径，更多的选择可能。经过岁月发酵，她变得从容、笃定、自信。

人生再出发
奏响夫人进行曲

唐丽丽的人生经历并不平顺，但是无论何时何地，唐丽丽总是葆有一颗向上的心；从一无所有到生活富足，唐丽丽感恩这个时代，感恩周遭的相逢。她深知事业之路犹如人生不会一帆风顺，但只要努力攀登就会看到不一样的风景。经历过起起落落的唐丽丽越来越清楚自己到底要什么，她将自己对父母的爱、对亲人的爱，转化成对社会的爱。“回想过去，我很多时候没有为自己考虑，想得最多的是如何让家人过得更好。”一次次的选择、一次次踏入新的领域，都需要经历转变的剧痛。但这些在唐丽丽心中并不算什么，爱的力量超越现实的痛苦，让她成为人生赢家。

“所谓成功并不是拥有多少财富，而是内心有多少满足。”唐丽丽如是说。除了让自己的内心获得满足外，唐丽丽最希望的是更多的女性朋友能够享受到心灵的愉悦，获得认识自我的幸福。

唐丽丽说她曾差点就离开这个五彩斑斓的世界，她能够活下来，就要活得更精彩。也正因如此，她与环球夫人的手紧紧地牵在了一起，她深深地了解现代女性需要什么，而环球夫人的平台又能够给予她们什么。能够成为环球夫人长春赛区的执行主席，唐丽丽感到幸福和幸运，也感到了使命与压力。在白山黑水间展示中国女性的风采，唐丽丽心向往之。她说，过去做的项目很多了，而这才是将自己内心的追求与事业完美结合的一次，为此，她将倾尽全力。她说：“我们长春赛区想做的不仅仅是体现环球夫人的爱心、智慧、成就和美丽，我还想在吉林做出我们自己的文化特色来，就像我的执行副主席杨思思，她用纸做赛事服装，这不光绿色环保，还是一种文化传承。”

环球夫人对于唐丽丽来说是一次回归、一次重生、一次绽放，或许，之前所有的苦难，都是为了这“夫人”的荣光。

MRS.GLOBE
环球夫人

生于安徽，居于上海，创业于深圳。在改革开放日益深化、全球化趋势日益明显的今天，贡佩一和她的伙伴们致力于在日化制造业美容品领域树立起中国品牌。

在事业上小有成就的贡佩一，将成己达人作为自己的人生追求。她说："我并非天生富贵，当我有一天有能力帮助别人的时候，我就会全心全意地、不求回报地付出。因为我也曾经为了成就自我而苦苦求索。"从年少时的步履蹒跚，到如今的踌躇满志，贡佩一用自己的行动佐证了"我命由我，不由天"的警句。

MRS.GLOBE

贫而无谄乐其道　富而无骄好其礼

贡佩一

千里驰援
亲手将物资送到老乡家里

2021年7月18日18时至21日0时，河南郑州出现罕见持续强降水天气，全市普降大暴雨、特大暴雨，累计平均降水量449毫米。由于遭遇罕见持续强降雨，以郑州市为中心的部分县市都遭受了水灾，给人民群众的生命健康和财产安全都造成了极大的损害。

灾情就是命令。“准备好了，我们出发！”随着贡佩一的一声令下，满载着抑菌免水洗手液的4辆大型半挂车向河南受灾地区驶去。

历经暴雨侵袭、洪水断路，贡佩一带领的车队，历经了20多个小时，才抵达郑州灾区。在新冠肺炎疫情防控常态化、水灾之后防大疫的背景下，这4车物资正是灾区急需的民用消杀产品。

贡佩一说，大灾之后防大疫是历史经验。作为一名长期致力于日化行业的企业家，贡佩一首先想到的就是组织一批能够用于灾区的防疫物资，她搜罗了整个三瑞集团的产品库，把所有的抑菌免水洗手液全部装车，第一时间运往灾区。缺运输车辆，贡佩一联系了长期合作的物流公司从日常运输线上分派出4辆大车；缺人手，贡佩一就亲自开车带队。

让贡佩一感到欣慰的是，捐赠物资车队一到达灾区就得到了中华志愿者协会的大力支持，志愿者们义务卸车，将免水洗手液发放到郑州、新密、巩义等缺水地区，及时解决了部分受灾群众无水洗手的难题。

郑州，对于贡佩一来说还有着特殊的意义，那是她人生走入低谷的重启之地。她把郑州当作自己的第二故乡，5 年的工作和生活，为她日后的扬帆远航打下了坚实的基础。她说河南人民、郑州人民都是她的恩人，而她也要在自己有能力的时候，回报恩人，帮助他们渡过难关。

到达灾区，分派完免水洗手液后，贡佩一并没有启程返回，而是自己驱车向巩义受重灾的乡镇开去。那时候河水冲毁了桥梁，一个村庄几乎断绝了与外界的联系。在政府的组织下，贡佩一到达的时候用沙袋垒砌的临时通道已经打通，她冒着危险开车进入，发现食品和饮用水是当地急需的物资。“那时候，移动电话信号不好，我只能再开车出来，到城镇中有超市的地方，购买纯净水和方便面。”贡佩一说道，“大车进不去，我就租了一辆小面包车，一次次往返村里运送物资。”

这一次，贡佩一亲自将水和食品分发到老乡的家中。老乡看到这位漂亮的姑娘，脸手都被泥浆抹成了“小花猫”，就拿出自家的毛巾给她擦拭，贡佩一说：“那一刻，我觉得自己和老乡们就是一家人。”

继承祖训
立志成为儒商

据考证，贡氏是孔子门下七十二贤人、十大弟子之一的子贡的后人。子贡也是孔子门生中最会做生意的一位，被后人尊为“儒商先祖”。子贡不仅在学业、政绩方面有突出的成就，而且在理财经商上也有着相当成就。《论语·先进》载孔子之言曰：“回也其庶乎，屡空。赐不受命，而货殖焉，亿则屡中。”意思是说颜回在道德上差不多完善了，但是穷得叮当响，连吃饭都成问题；而子贡不被命运摆布，猜测行情，且每每猜对。子贡依据市场行情的变化做买卖，以成巨富。由于子贡在经商上大获成功，所以司马迁《史记·货殖列传》中，子贡被列在了中国历代富商排行榜的第二位，紧随 “陶朱公范蠡”之后，肯定了他在经济发展上所起的作用。

贡佩一认为在经商这一块，他们是继承了祖先的基因，她的家族以及兄妹几人生意都做得很好。早年间，贡佩一在家乡做通信器材贸易、后来赴郑州做服装生意、再后来到韩国学习美容及微整形技术并将韩国优质的化妆品引入国内……一路走来，她总能切中市场的脉搏，让自己在财富的积累上不断叠加，这自然也使得她有了更多的资本投入实业。

当然，血液中流淌的不仅有祖先善于经商的基因，祖先留给他们的还有更多优秀的精神品格。《史记·孔子世家》记载：“孔子葬鲁城北泗上，弟子皆服三年。三年心丧毕，相诀而去，则哭，各复尽哀；或复留。唯子赣（子贡）庐于冢上，凡六年，然后去。”就是说，按照儒家当时的礼仪，弟子守墓服丧三年就可结束，但子贡在孔子墓旁盖上草庐，服丧六年才离开。《吕氏春秋》中记述了“子贡赎人”的故事。根据当时鲁国法律规定，如果鲁国人在国外沦为了奴隶，有人出钱赎回来，事后可以找国家报销赎金，并且国家还要给予表彰。有一次，子贡到别国做生意，就赎了一些同胞回来，而没有去国家报销赎金，其“乐施”胸怀可见一斑。

贡佩一说，正义、诚信、乐善好施都是祖先给贡氏一族留下的精神财富，作为贡家的后人理当躬行践履。如今的贡佩一尽管生活很富足，财务自由，可她却并不奢侈、矫情。用她的话说就是：“驾驭得了名牌，也穿得了地摊货；哪怕让我打个地铺睡觉，也可以睡得很香。”

不困于情
不囿于利

说起贡佩一的人生经历，可谓泪水和欢笑相伴而行。能够支撑着她将人生道路越走越宽广的只有两件事：一是学习，二是放下。

贡佩一家里有五个兄弟姐妹，她是老二，为了减轻父母的负担，高中毕业的她就已经开始在生意场上崭露头角。“在老家那个小地方，我做移动通信器材的生意可以说做到尽人皆知。”

涉世未深的贡佩一接受了父母为她相中的丈夫，成立了自己的小家庭，然而，看似幸福的婚姻却成为贡佩一痛苦的深渊。老公的不务正业、不管家庭让贡佩一深感失望；而且当自己的女儿来到这个世界后，老公的恶习不但没有收敛，反而变本加厉。情急之下，贡佩一抱着孩子离家出走，去郑州开始了一段新的生活，而后，她与老公结束了这段并不完满的婚姻。

放下了老家已经成熟的生意，贡佩一借来本钱，在大城市郑州选择了服装贸易。“因为自己爱美么，家里姐妹也多，就喜欢漂亮衣服，想来想去人们的生活水平都越来越好了，服装一定好卖。”尽管一边抚育年幼的女儿，一边经营转型的生意有着数不清的困难，但贡佩一还是一一克服了。她举重若轻地说：“那时候，我还是赚了不少钱。”

就在生意顺风顺水的时候，贡佩一越来越感受到了知识的重要性，于是她选择继续学习深造，报读北大的EMBA。正是在工商管理学的学习中，她的视野进一步扩大，她开始更加关注中国消费的趋势和全球贸易的热点。

这一次，贡佩一又大胆转行，她安顿好孩子后，就远渡韩国，去学习最为先进的美业技能。3 年内，她不仅学习了先进的美容及微整形技术、将优质产品进口回国内，还在韩国帮助老师培养了一大批国内的美业从业者。

长期的从业经历中，贡佩一发现国内不少厂家已经成为国际知名美容品厂商的代工厂，国内的研发和生产水平有不少已经可以与国际一线大牌媲美。贡佩一决定回国，投入到中国美容品民族品牌的打造中。“现在我最看重的是电商平台，通过直播带货等方式，将工厂端的产品直接销售到消费者手中。”而今，作为三瑞集团股东的贡佩一，正在将直播购物作为企业重点培育的营销渠道。

“不困于情，不囿于利”是贡佩一对自己一路行来的总结。也正是因为她善于学习，敢于舍弃，才能够在成长的道路上不断向前。她说：“每个人的生活都不会十全十美，总会经历这样或那样的磨难，以此来教会我们应该明白的道理，让我们得到成长，从而慢慢走向成熟。”

环球夫人
做孩子的一面美丽镜子

“环球夫人”以“爱心、智慧、美丽、成就”为宗旨，由WIN基金发起，是享誉全球的知名女性文化品牌。大赛自1996年开启至今，已在全球成功举办24届，2013年大赛首次落户中国深圳，2020年12月12日，第24届环球夫人大赛中国总决赛暨首届环球夫人盛典，在深圳世界之窗圆满落下帷幕……这些信息通过各种传媒渠道广泛传播，让本就爱美，又在深圳设有生产基地的贡佩一对环球夫人赛事产生了兴趣。

贡佩一说，自己通过与环球夫人大赛组委会的接触，进一步了解到，环球夫人大赛旨在通过活动的举办，明确好女人标准，树立女性榜样，引领全社会树立正确的人生观、社会观、价值观，让每个女人都成为内外兼修、极具爱心与责任感的优秀女人，从而达到个人美丽、家庭和睦、社会和谐、世界和平的目的。这一宗旨对于贡佩一的内心触动很大，“如果当年自己有这样一位环球夫人做榜样，可能就会少走很多弯路。”

贡佩一说，自己决定参与环球夫人大赛还有一个很重要的原因，就是自己的女儿正在渐渐长大，尽管自己已经尽可能地给予她良好的学习成长环境，“让她在上海的私立高中接受良好的国际化教育”，但她更希望通过自己的努力给孩子树立一个精神标杆，那就是：“女人无论在什么时候都不能自暴自弃，而要努力地去挑战、去攀登，依靠自己赢得未来。”

贡佩一对女儿的学习成绩并没有过多的要求，她最希望的是孩子能够健康快乐。在她看来，只要孩子有一个正确的人生观、价值观，比什么都重要。

贡佩一始终坚信，优秀的家庭是始于陪伴、重于教育、成于“三观”的。而对于一个残缺的家庭来说，贡佩一始终担心自己给予孩子的不够好，所以她希望更多地融入社会大家庭中来给予孩子言传身教。“你希望孩子成为什么样的人，很简单，你就去做什么样的人。”著名诗人多萝西·劳·诺尔蒂曾写过一首诗《孩子是父母的镜子》：如果孩子生活在分享中，他们将学会慷慨；如果孩子生活在诚实中，他们将学会正直；如果孩子被公平对待，他们将学会正义；如果孩子被关心和体谅，他们将学会尊重。

平凡也不凡
成就更多女性

在北京三里屯的一处咖啡馆，贡佩一妆容精致、装束时尚地坐在角落等待朋友，透过霓虹掩映下的玻璃能看到她气质优雅，光彩照人。

出身平凡的贡佩一没有自甘平凡。从安徽宿州到河南郑州，再到韩国济州，贡佩一单枪匹马完成了事业的多次转型，最终形成了上海、深圳南北呼应，线上、线下融合发展的产业格局。她用自己的智慧，在残酷的市场竞争中，为事业伙伴博得更多收益；用自己的爱心，关照社会上需要帮助的陌生人，让他们感受到这个世界的温暖与芬芳。

贡佩一受家庭、祖辈的影响，不仅有善于经商的头脑，还有和父母一样广交善友、乐善好施的品行。“赠人玫瑰，手有余香”，无论在生意上还是在生活中，她常常宁可自己吃亏，也不让朋友受损，所以赢得了极好的人缘。日月交织、时光流转，而今，贡佩一的朋友遍布五湖四海。她说，即便自己一无所有，只要有这些朋友在，她就觉得安心、快乐，充满力量。

走上环球夫人舞台的贡佩一，带着朋友们的祝福、带着事业伙伴的期许，更带着自己心中的梦想，她说自己毫不怯场，她时刻都在准备迎接鲜花与掌声。

与自己参赛不同，作为苏州赛区执行主席的贡佩一，更希望将这个光环分享给更多拼搏上进的女性，“让优秀女性与环球夫人平台相互赋能，共同创造更加美好的未来。”

贡佩一说："生命不息奋斗不止，创业就是我生命的一部分；没有所谓最好的时代，千万不要禁锢自己的思想，敢于尝试、踏实前行，就能创造属于自己的美好时代。"

贡佩一正把从祖先那儿传承下来的智慧财富和精神品格一一践行，她想用自己的行动将这些"宝贝"传授给正在长大的孩子们，传播给这个时代正在努力奋斗的女性朋友们。

MRS.GLOBE
环球夫人

“我出身于军人家庭，父母不希望我娇滴滴的，所以给我起了个偏男性化的名字——梁岭[1]。父亲说，希望我能够在人生的道路上不畏险阻，翻山越岭，勇攀高峰。”

“我认为一个女人是一个家庭的魂，我的大家庭能够完全打破传统矛盾，和谐而温馨，是我和我先生最满意的地方。”

“三十岁前熟悉我的朋友说我像一株向日葵，三十岁后，朋友们都说我像一朵牡丹。”

MRS.GLOBE

屋高需梁材　山顶人为峰

梁岭

①本书付梓时，梁岭已更名为“梁芮宁”

从“差点淹死”到“横渡长江”

梁岭 5 岁的时候，父母第一次放她去部队大院的儿童泳池学游泳，昔日平静的泳池，却对小梁岭泛起了恶浪。“不知道是怎么回事儿，我本来玩得好好的，忽然一阵漩涡就把我吸了下去。”可怕的是小梁岭被头朝下吸入了游泳池的排水口，她蹬动双腿却无法喊出声音。好在紧要时刻，父亲的战友发现了异常扑了过去，把她拽了出来。“后面就是人工呼吸、抢救，这些都是听大人后来说的，我当时已经昏迷了。”梁岭说。

溺水时的恐惧与无助，使小梁岭对游泳产生了极大的排斥心理，很长一段时间，她都拒绝游泳。但是，军人父亲却执意认为游泳是成长过程中必须掌握的技能之一，特别是生活在武汉，不会游泳怎么行呢？更重要的是，父亲不希望梁岭从小就养成一经挫折就放弃的习惯。

父亲耐心劝慰小梁岭，并且亲自下水教她游泳，帮助她逐步克服对游泳的恐惧，慢慢树立起安全感。终于有一次，父亲在托着小梁岭练习的时候，悄悄地撒开了手，不知不觉中她自己游出去好远、好远……“我当时兴奋极了，不仅是因为掌握了一项新技能，更重要的是我再也不害怕下水了。”

梁岭说：“父母当时就是说让我去游，不能畏惧；如果我畏惧了，这件事情可能会影响我一辈子，游泳这件事将从我的生活中彻底删除。”战胜了恐惧之后，梁岭真心喜欢上了这项有益的运动。

因为遗传基因，抑或是后天锻炼，梁岭在身体素质方面相较于同龄的孩子们有着明显的优势。小学的时候，小梁岭被武汉体育学院游泳队看中，作为考察对象参加了一次横渡长江的活动。“那次也是父亲陪着我一起游的，选择的江面比较窄，水流也比较舒缓。”梁岭回忆说，“很顺利我就完成了全程。”体院老师对小梁岭很满意，但母亲却不愿意让小梁岭成为一名体育生。进入游泳队没能成行，但游泳却成为梁岭一生的爱好。

读初中的梁岭再次参加武汉传统的横渡长江比赛。于她来说，横渡长江最大的挑战不是体能上的，而是心理上的，“因为很孤独，你只能朝着指示的方向努力去游，在很长很长的时间里，你是看不到你对面的目标的。”她说，“这个过程中一个人一直游，现在回想起来，那就是我真正体验忍受孤独、独自思考并和自己对话的一个过程。在这个过程中，是游到对岸的信念一直在支撑着我。”从横渡长江的经历中梁岭体会到了坚定的信念对于一件事、一段人生的成败所能发挥的巨大作用，这也帮助她战胜了后来生命中的一次次挑战。

从别墅尾盘代理到投资部部长

2007 年，上大四的梁岭被推荐到北京一家传媒公司实习，期间，她有幸参与了公司一些商业项目的全过程，这难得的实习经历让她真切地接触到了市场，并对商业经营产生了浓厚的兴趣，为她跳出所学的专业，成为一名市场经济的弄潮儿奠定了基础。

毕业后，梁岭被北京的一家专业对口的事业单位招考录用。工作安逸而稳定，但她总觉得这离自己的理想有差距，她想通过自己创业打下一片属于自己的天地。这个信念支撑着她，也鼓动着她不断地思考、探索。

2009 年，北京房地产市场行情再次上扬，梁岭在和一位长辈的聊天中了解到了他对未来几年房地产市场走势的判断；长辈还告诉她，无论你是否从事你大学主修的戏剧文学专业，你的所学一定会为你所从事的职业加分。这段交流对梁岭启发很大，她开始寻找自己职业的另一种可能。

执行力超强的梁岭，开始仔细研究起房地产项目并且四处请教，并根据调研做了项目方案和规划，最后，她选定了一个方向：代理北京高端楼盘和别墅的尾盘。梁岭敏锐地感觉到这个项目一定有可观的发展空间，同时她也意识到，要完成目标她需要一个团队。大学时她经过学校就业办引荐做过两个广告，广告代言费加上两次获得的奖学金，在母亲理财的帮助下已经获得了不少收益，这些钱正好用作开办公司的本金。很顺利，她的公司开张了。

“优秀的领导者应该更多地关注于启发、鼓舞和服务自己的团队，而不应片面地强调管理。”梁岭说。在人性化的管理理念推动下，公司业务开展得红红火火。面对不菲的销售服务收入，梁岭用实际践行着她“让每个人都能从事业中获得存在感、满足感和幸福感”的理念。“在25岁之前，我靠自己努力在北京买下三套住房，更开心的是，当时跟我一起奋斗的伙伴们，也大多二十出头在北京买了自己的房子。相较于自己赚钱，能够帮助更多人赚到钱更加重要。”她不无自豪地说。

她和小伙伴们一路披荆斩棘，业务一直开展得有声有色。直到2010年“新国十条”的出台，让房地产市场逐步降温，豪宅板块最先受到冲击。也正是在这个时候，梁岭偶然间看到一句话叫“知停而行”，就像是在提醒她事业到了该转型的时候了，她果断终止了公司的全部业务、遣散了团队。

接下来，梁岭先后攻读了中国社科院的金融专业硕士和中国人民大学的EMBA，继续给自己充电；其间，还收获了甜蜜的爱情，在北京组建了自己的家庭。经过深思熟虑，她非常理性地选择了与硕士专业相关的投资领域作为职业转型的新方向，并去了一家投资公司，先后主导完成了一家酒厂的并购、一家目前已在主板上市的公司的A轮投资，以及一家公司的精选层辅导等一系列投资项目。

机会总是留给有准备的人，当一家央企为了拓展业务领域，准备筹建新的投资事业部时，梁岭凭借自己扎实的理论基础和丰富的实践经验，顺利通过面试，担任投资事业部部长的职务，并参与整个投资事业部的筹备和组建工作。同时，她还利用业余时间考取了“政府和社会资本合作项目咨询师（高级）”。在这个岗位上她圆满地完成了公司第一个投资类PPP项目。这个投资30多亿元的项目，为梁岭的职业生涯增添了浓墨重彩的一笔，也为她以后参与众多基建投资类项目打下了良好的基础。

从闺房小女子到家中女主人

在事业上不断追求的梁岭，同样也非常重视家庭生活。

梁岭与先生是父母托人介绍认识的。说起恋爱中的细节，梁岭讲述了一个小故事：当时梁岭为了方便工作就在顺义区租了一套房子住，男友去看望她，因为白天梁岭比较忙，就让男朋友自己在住处等。男友不仅帮梁岭买了很多好吃的，还帮她做卫生，最让梁岭感动的是这个“暖男”买了好多宽梁的衣架，把梁岭从干洗店拿回来的一次性衣架全部换了下来。“我当时真的是被他的细心感动了。”相识 3 个月后，两人就见了彼此父母，因为双方都是军人家庭，成长背景非常相似，差不多半年后，他们就领了结婚证，男友也正式升格为丈夫。

鞋子合不合适只有脚知道。“也许我先生的处事方式在别的女性看来比较懒，但是我却认为这是‘无为’，这就是彼此的合适。我认为他是帮助我、激励我成长，他很愿意放手让我去做一些事情，不去干预我，但在很多方面他比我理性、谨慎，关键的时候他会拽着我。”

婚后梁岭就把父母接到了北京，公公婆婆住得也不远，小两口成了一大家子的中心。外表柔弱的梁岭是全家人幸福生活的发动机，当下中国家庭中的几种矛盾在梁岭家都存在，但是这个大家庭却非常融洽，所有的事情都由梁岭来协调，她以巨大的包容心和执行力处理着家中细小而又极其重要的琐事。而另外值得她欣慰又自豪的是：结婚这么多年，旅游、度假，她和先生基本都是带着父母一起的，他们更愿意把时间用来陪伴老人。结婚十年，她和先生带着双方父母已经走过了十几个国家。

从文艺青年到环球夫人

高中时的梁岭喜欢写作、喜欢话剧，作文常常被老师当作范文在全班朗读，大学本科梁岭就选择了四川师范大学戏剧文学专业，是位名副其实的文艺青年。

毕业之后梁岭并没有从事与自己专业相关的工作，而是进入到商业领域。梁岭有着从不间断的学习经历，在她的世界里常常会有几件事情并行不悖，而她的很多专业技能、学位也都并非在脱产情况下完成。

梁岭有着超乎常人的精力，这些旺盛的精力要求她必须做点什么，停止或者是暂时的休息在梁岭看来都是浪费生命。“我即将年满 35 周岁，很自豪，结婚 10 年来我的履历还在不断更新，每年都会有新的内容加入进去。”

梁岭说自己在乎效率，重视成果，做任何事都绝对地认真。比如说学瑜伽，就一定要考个瑜伽教练证；从事 PPP 项目，就必须考一个高级咨询师；甚至新冠肺炎疫情防控期间居家办公也没闲着，考取了国际注册会计师；喜欢戏剧，就成了北京文化艺术基金“儿童剧编导人才培养”计划中的一员……

之所以参加环球夫人，也是因为这个赛事的宗旨与梁岭的行为准则和人生追求高度契合，特别是公益和慈善，已经成为她生活的一个重要部分。

上初中时和山区孩子结成一帮一对子；上大学的时候，她会把参加社会实践活动得来的报酬和奖学金捐赠给学校需要帮助的同学，2 万元奖金捐给湖北省留守儿童基金会；23 岁，梁岭去泸沽湖期间因为目睹当地学校教学条件的简陋和孩子

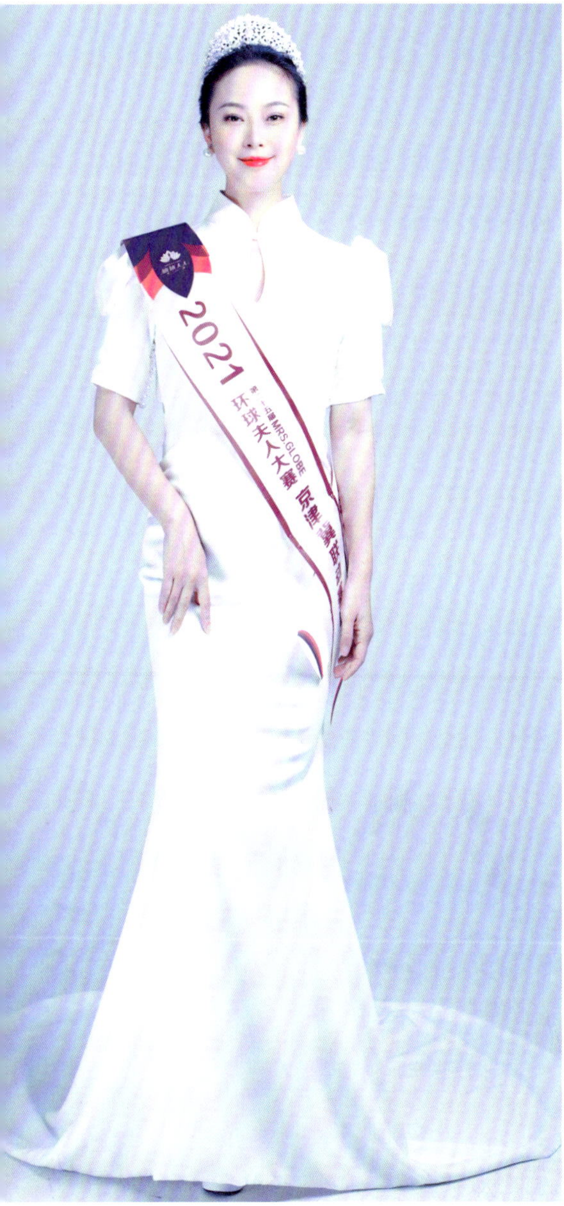

们的贫苦，于是开始组织爱心活动；新冠肺炎疫情防控期间，梁岭组织企业捐赠防疫口罩；2021 年，梁岭又策划举办了一个公益的儿童戏剧节……在北京只要周末有时间，梁岭都会去火车站给流浪汉派饭，在冬天，给他们购买冬衣和手套围巾，并帮助有智力缺陷的流浪汉更换衣服。

为善者也总会被善意包围。梁岭和志愿者们经常订餐的小餐馆后来知道他们在做慈善，每次就只收饭菜的成本费用，“我觉得这就是善的传递。”在梁岭的眼中每个人身上都有光，她说流浪汉身上也有光，也许他们的光很微弱，微弱到我们感觉不到他们的存在；但当他们接受善举，慢慢会露出笑容，当他们心存感激，他们身上的光就会变得温柔变得明亮。梁岭说她希望这些光最终能够照亮他们自己，甚至照亮别人。点燃微光，就是梁岭心中慈善的力量。

在梁岭的心中，环球夫人是聚集一群有爱心的人的一个更加广阔的公益平台，她希望自己能够在这个平台上与更多优秀的女性一起，点燃爱心、智慧、美丽之光，让我们的世界变得更加美好。

没有最好，只有更好的自己

在梁岭家，游泳和健身是从小到大的必修课。梁岭说当时并不理解父母的要求，现在看来完全不是为了掌握某种技能，而是要培养她不畏困难和持之以恒的精神，如今这也成为梁岭家风中重要的一部分，她会带双胞胎女儿去学习游泳，去挑战冲浪，让她们变得勇敢，变得能够坚持。

说起这对宝贝女儿，梁岭的怀孕和生产都经历了极大的痛苦。怀孕的时候，梁岭体检的结果是“单绒双羊”，并且有先兆性流产的迹象，很危险，从 32 周住院开始医生就不让她动了，大部分时间都是躺着。生产时胃大出血，被抢救过来后插了很多管子，后来又造成肠粘连……为了早日康复，梁岭忍着剧痛、插着各种导管坚持每天在医院楼道里至少走一万步，她的举动激励着病友。

怀孕、生子、住院、哺乳，让梁岭体重、体形都发生了不小的变化，但现在梁岭发起了对环球夫人桂冠的冲击，她说之所以接受这个挑战，一方面她想通过比赛学习和丰富自己的人生，另一方面她希望自己用实际行动给女儿们做个榜样：“妈妈在你们还未满两岁的时候就再一次选择离开舒适圈，突破自我。”

在梁岭的记忆中，最难忘的是和家人一起旅行。那时候父亲还在，一家人其乐融融，她想起在美国陪父母去迪士尼，带着他们坐旋转木马，她用手机拍到了父亲的背影，“我想那一刻，爸爸的脸上一定洋溢着满足的笑容”；她又想起，带家人去巴塞罗那度假，特别安排球迷父亲看了梅西的一场比赛，爸爸快乐得像个孩子。“爸爸虽然不在了，但我的内心没有遗憾，妈妈和公婆都在我们身边，我会尽量多地陪伴他们。”

好奇心和探索欲驱使着梁岭不断超越自我。从专业转型到创新创业，每一次梁岭都在尝试做其他人未曾做过的事情，她还在不断地学习和积累，未来，她也许还会做很多帅气的事情吧，谁知道呢。

军人家庭的成长背景，以及一贯严格的家教、家风，使她从小就养成了坚毅的性格和执着追求的品质，不满足于现状，不惧改变、追求突破是她生活的主旋律，“不断遇见更好的自己”正是她30多年人生历程的精彩诠释，如今，这句话在梁岭这里又有了升级，那就是：没有最好，只有更好的自己！

图书在版编目（CIP）数据

我们是环球夫人. 第二季 / 《我们是环球夫人》系列丛书编委会编著. -- 武汉 : 长江文艺出版社, 2022.8
ISBN 978-7-5702-2784-6

Ⅰ. ①我… Ⅱ. ①我… Ⅲ. ①女性－生平事迹－世界－现代 Ⅳ. ①K818.5

中国版本图书馆 CIP 数据核字(2022)第 123042 号

我们是环球夫人. 第二季
WOMEN SHI HUANQIU FUREN. DI-ER JI

责任编辑：龚卫华　　责任校对：毛季慧
版式设计：陈小雨　　责任印制：邱　莉　王光兴

出版：长江出版传媒 | 长江文艺出版社
地址：武汉市雄楚大街 268 号　　邮编：430070
发行：长江文艺出版社
http://www.cjlap.com
印刷：湖北金港彩印有限公司

开本：787 毫米×1092 毫米　1/16　　印张：19.625　插页：4 页
版次：2022 年 8 月第 1 版　　2022 年 8 月第 1 次印刷
字数：240 千字

定价：188.00 元